Lk 14
128

MÉMOIRE

QUE L'ASSEMBLÉE
DES
ÉTATS-GÉNÉRAUX
DE LA PROVINCE
DE LANGUEDOC,

A délibéré le 31 Décembre 1779 de préfenter au Roi, fur l'Article vingtieme des Inftructions de Sa Majefté, à MM. fes Commiffaires auxdits Etats.

1780.

MÉMOIRE

QUE L'ASSEMBLÉE DES ÉTATS-GÉNÉRAUX DE LA PROVINCE DE LANGUEDOC

A délibéré le 31 Décembre 1779, de préfenter au Roi, fur l'Article vingtieme des Inftructions de Sa Majefté, à MM. fes Commiffaires auxdits États.

ES ÉTATS doivent avant tout, des remerciments à SA MAJESTÉ, au nom de fes Sujets, des principes d'économie qui la portent à faire différentes réformes & retranchements dans fes dépenfes. Elle a déjà éprouvé l'heureux effet de cette méthode, qui l'a mis à portée de fuffire, fans Impofition nouvelle, aux frais d'une Guerre néceffaire & difpendieufe ; & plus Sa Majefté étendra cette économie, plus Elle la portera dans chacun de fes départements, & dans toute efpece de dépenfe, plus Elle y trouvera de reffources, & plus Elle s'attirera l'amour, la confiance & les bénédictions de tous fes Sujets.

LES ÉTATS doivent enfuite des remerciments particuliers à Sa Majefté, de la confiance dont Elle veut bien les honorer, en croyant qu'ils mettront à des réformes utiles, le même zèle qu'ils ont témoigné en toute occafion pour le Service du Roi & le bien de l'Etat. Quoique ce zèle ait pu les accoutumer à une forte de facilité que l'économie paroît profcrire, & qu'il femble difficile que des Hommes habitués à être prodigues envers leur Souverain, foient avares dans leurs propres affaires, les Etats fe flattent de pouvoir concilier ces deux difpofitions : elles peuvent être produites par le même fentiment ; le défir de procurer le bien du Service du Roi, & l'intérêt des Peuples.

POUR répondre aux Intentions de Sa Majefté, les Etats croient devoir lui expofer dans un Mémoire détaillé, les

A

diverses dépenses qui sont à leur disposition, les motifs sur lesquels elles sont fondées, & les principes suivant lesquels elles sont déterminées.

CE Mémoire remettra sous les yeux des Etats, le tableau de leurs dépenses, & les mettra à portée de délibérer ou de proposer les retranchements ou les modérations dont elles sont susceptibles ; il éclairera le Conseil de Sa Majesté sur les raisons de ces dépenses, & sur leur degré d'importance, & consigné dans le Procès-Verbal qu'il est d'usage d'imprimer depuis quelques années, il instruira tous les Habitants de la Province, des regles que suivent leurs Représentants, & des soins que les Etats se donnent pour justifier leur confiance.

LES ÉTATS n'ignorent pas qu'on a souvent parlé avec exagération de ce qu'on appelle leur Magnificence. Si cette réputation vient du zèle avec lequel ils se sont portés dans tous les temps à déférer aux demandes de leur Souverain, ils ne la désavoueront pas, & se feront toujours un devoir de la mériter par de nouveaux efforts ; ils conviendront même que, soutenus par les ressources d'une grande Province, ils ne sont pas effrayés de l'excès d'une dépense, dès qu'elle est utile.

MAIS si on entend par Magnificence, l'habitude de se livrer à des dépenses inutiles, ou le défaut d'ordre dans celles qui doivent avoir lieu, les Etats esperent que ce Mémoire détruira cette opinion. On y verra au moins que l'ordre & l'exactitude sont un des principaux objets de leur Administration ; & si quelque erreur leur est échappée, ils auront obligation à celui qui, instruit par ce Mémoire, les mettra à portée de la connoître & de la réparer. Si d'ailleurs des temps antérieurs au temps actuel, avoient procuré aux Etats cette réputation de Magnificence, ils ne croient devoir ni les justifier ni les critiquer ; il n'y a pas encore bien des années, que les principes de l'économie politique commencent à se perfectionner : les fautes de nos Peres ont pu appartenir au temps auquel ils ont vécu. Si depuis une vingtaine d'années plusieurs abus ont été proscrits ; si les principes d'une gestion plus exacte ont été établis, il en doit résulter que les Etats ont au moins suivi les progrès de leur siecle : le bien qu'ils ont pu faire, doit répondre de celui qu'ils s'efforceront de procurer ; & Sa Majesté doit être persuadée que la certitude de lui plaire, ajoutera encore au zèle que leur devoir leur impose.

POUR ne rien omettre de ce qui doit être mis sous les yeux de Sa Majesté, ce Mémoire contiendra trois Parties.

1°. Les frais de recouvrement depuis le moment où l'Imposition sort des mains des Contribuables jusqu'en celui où elle est versée dans la caisse de la Province, & ensuite au Trésor Royal.

2°. Les frais d'Administration, dans lesquels sont aussi compris les encouragements accordés à l'Agriculture, au Commerce & aux Arts.

3°. ENFIN, les Travaux-Publics qui contiennent toutes les dépenses des chemins, canaux, & autres ouvrages entrepris par la Province, les Sénéchaussées ou les Diocèses.

CES trois classes renferment toutes les dépenses sur lesquelles Sa Majesté peut désirer d'être instruite ; ce Mémoire en sera l'exposition simple : les Etats y joindront tout ce qui, sous le rapport d'économie, peut contribuer au bien de la Province, & Sa Majesté ne les condamnera pas, s'ils lui proposent des reformes qu'il n'étoit pas en leur pouvoir d'opérer ; leur devoir est de lui dire la vérité sur tous les objets, ils la lui diront également sur ceux qui les concernent ; moins jaloux de se concilier l'approbation pour ce qu'ils ont pu faire, que de la mériter en acquérant de nouvelles lumieres & les mettant à profit.

PREMIERE PARTIE.
Frais des Recouvrements.

TANT que les Etats n'ont pas été assurés des principes d'économie qui dirigent le Gouvernement, tant qu'ils ont pu craindre que les retranchements ne fussent que des moyens de dissiper, ils n'ont pas cru devoir s'occuper des ressources que l'autorité sembloit négliger, qu'elle n'auroit pas même ménagées d'après leurs représentations, & qui eussent été perdues pour des temps plus favorables.

LES intentions connues de Sa Majesté, donnent aujourd'hui aux Etats une confiance qu'ils ne pouvoient ni ne devoient avoir ; le détail dans lequel ils vont entrer pour cette partie de dépense, indique par lui-même les réductions dont elle est susceptible.

LES premiers frais de recouvrement sont ceux du Collecteur ; on en distingue de deux sortes, le Collecteur forcé, & le Collecteur volontaire : quand la collecte est forcée, le Collecteur doit avoir onze deniers ; quand elle est volontaire, il peut en avoir jusqu'à quatorze.

ON demandera d'abord d'où vient cette différence, & il paroîtra singulier que le Collecteur volontaire ait plus de retribution que le Collecteur forcé ; mais celui-ci est admis à porter en reprises les Impositions qu'il n'a pas reçues ; le Collecteur volontaire doit au contraire faire les deniers nets ; & c'est cette derniere obligation qui lui a fait accorder une retribution plus considérable.

QUOIQUE le Collecteur volontaire puisse avoir quatorze deniers, il ne faut pas croire qu'il les obtienne communément, la collecte est mise à la moinsdite, & l'effet de cette moinsdite est, 1°. Qu'il n'y a presque point de Collecteurs forcés. 2°. Que le prix de la collecte volontaire est beaucoup plus avantageux.

DES deux mille huit cents Communautés & plus dont le Languedoc est composé, il n'y en a que cent quarante-sept où la collecte se fasse à onze deniers qui est le prix du Collecteur forcé, & dans ces cent quarante-sept, il y en a beaucoup où les onze deniers sont le prix de l'Adjudication ; ce qui oblige le Collecteur à y faire livre net.

DU RESTE, on ne compte que trois cents quarante-cinq Communautés où la collecte se fasse à quatorze deniers, & dans ces trois cents quarante-cinq, il y en a cent soixante-deux dans le seul Pays de Velay où le défaut de communications & de Travaux-Publics a retardé jusqu'ici les progrès des connnoissances, de l'industrie, du Commerce, qui distinguent les diverses parties de la Province.

DANS les autres Communautés la collecte se fait à beaucoup meilleur prix, dans trois cents cinquante-huit pour rien & avec le seul avantage des exemptions attachées au titre de Collecteur; dans quelques-unes à un, à deux & à trois deniers, & ainsi successivement jusqu'à quatorze, qui est comme on l'a dit, le dernier terme.

EN faisant un prix moyen de ces divers prix, la collecte se fait dans la Province, à cinq deniers pour livre, ce qui n'est pas considérable sur-tout en pensant que le Collecteur n'est admis à aucune reprise.

Il faut remarquer cependant que le taux pour la collecte du Vingtieme & de la Capitation est à six deniers; ce taux fixé, entre dans la spéculation du Collecteur volontaire, lorsqu'il se présente pour les autres Impositions, & on ne conçoit pas pourquoi la moinsdite n'est pas aussi admise sur ces articles.

QUOIQUE ce taux de cinq deniers par livre ne soit pas en général trop fort, comme il n'est que le prix moyen de la collecte, & peche pas un prix trop élevé dans quelques

Communautés,

Communautés, les Etats croient qu'il pourroit y avoir une réduction fur les quatorze deniers auxquels la collecte volontaire peut être portée, & que huit deniers fuffiroient au Collecteur volontaire, comme fix deniers au Collecteur forcé.

CETTE diftinction des deux collectes paroît aux Etats devoir être confervée; la plus grande économie eft celle qui donne à une recette les avantages d'une Ferme; & l'exemption des reprifes eft un des points les plus effentiels dans les recouvrements.

CETTE réduction des quatorze deniers à huit pour les Collecteurs volontaires, & de onze à fix pour les Collecteurs forcés, affectera à-peu-près un tiers des Communautés de la Province; & quoiqu'elle paroiffe peu confidérable, elle fera cependant un foulagement pour ces Communautés; & c'eft un premier moyen d'économie que les Etats offrent à la Sageffe de Sa Majefté & aux Lumieres de fon Confeil.

AVANT 1610, la recette des Diocefes étoit donnée à la moinfdite, comme la collecte des Communautés; mais, à cette époque, le Gouvernement qui avoit établi des Receveurs en titre pour les anciens deniers du Roi, voulut auffi qu'ils reçuffent les deniers extraordinaires; & fucceffivement le droit de ces Offices s'eft étendu fur toutes les Impofitions.

CETTE attribution procura au Roi une augmentation de finance, qui s'accrut enfuite par l'accroiffement des droits & des Offices; ils étoient d'abord moins nombreux; on en créa des triennaux & d'alternatifs; ils n'avoient dans l'origine que fix deniers pour livre, un denier & demi fut ajouté à raifon d'une nouvelle taxation.

CHAQUE Diocefe a maintenant trois Offices en titre; & comme fi ce n'étoit pas affez, le plus grand nombre eft exercé par des Commis que les Titulaires mettent à leur place & paient fur leurs profits.

LA totalité de ces profits, dont le détail fera mis fous les yeux de Sa Majefté lorfqu'Elle le jugera à propos, fe porte à quatre cents foixante-treize mille livres & plus, fans compter les gages qui font prefque tous payés par le Tréfor-Royal.

IL eft évident que cette fomme eft exorbitante pour la levée des deniers dont ces Offices font chargés; il eft évident que trois Titulaires font inutiles; il eft évident qu'ils le font encore plus quand ils n'exercent pas leur Emploi par eux-mêmes; il eft évident enfin que ce dernier abus d'un exercice étranger, met plus de retard dans les paiements, puisque les délais font souvent la seule reffource des Commis; tous ces inconvéniens font fenfibles, mais on ne peut les imputer aux Etats; ils font la fuite des créations d'Offices & des droits qui leur font attribués.

LA liberté qu'a laiffé M. l'Abbé Terray aux Propriétaires de ces Offices d'en fixer eux-mêmes la valeur, en a peut-être augmenté le prix. Pour un leger accroiffement de Centieme-Denier, il n'a pas craint d'aggraver les Charges de l'Etat; & la néceffité de rembourfer diminuera, fans-doute, l'avantage que préfenteroit une fuppreffion entiere, ou au moins une réduction.

CE dernier moyen a été employé pour les autres Provinces du Royaume; mais le bien qui en réfulte n'eft qu'éloigné, il ne tourne qu'au profit du Tréfor-Royal, & encore ce profit n'eft-il pas confidérable, puifqu'il ne confifte que dans le retranchement des gages des Offices fupprimés.

IL eft digne de Sa Majefté de s'occuper de l'amélioration de cette partie d'Adminiftration. Les Etats lui ont fait connoître l'abus, & quel en eft le principe, ils s'emprefferont d'applaudir aux mefures que fa Sageffe prendra pour y remédier.

UNE des conditions de la recette, & qui ne doit jamais fe perdre de vue, eft, que celui qui en eft chargé faffe livre net, & aux époques marquées; le Contribuable a quinze jours pour payer, le Collecteur autant pour remettre les fonds au Receveur des Tailles, celui-ci autant pour les rendre à la caiffe de la Province, & de la caiffe de la Province, l'Impofition doit auffi paffer au Tréfor-Royal dans des termes fixes & en douze mois.

ON affure que ce forfait eft particulier au Languedoc; & dans ce cas, c'eft un avantage de fon Adminiftration. Si dans les autres Provinces, chaque échelle de Receveur ne fait pas de la recette fon affaire propre, on ne peut nier que la perception eft moins bien ordonnée, & d'une maniere moins utile pour le Gouvernement; il femble qu'une rentrée fure & invariable eft le principal objet qu'il doit fe propofer, & c'eft ce qui ne peut être parfaitement rempli que par des Etats ou des Adminiftrations Provinciales. La folidarité qui exifte entre toutes les parties, empêche le déficit & les lenteurs; & fi l'Impôt peut quelquefois, par des malheurs particuliers, avoir befoin de modération, il n'en éprouve jamais par la difficulté ou les délais de recouvrement.

CE forfait abfolu a dû influer néceffairement fur ce droit des Receveurs, & particulierement fur ceux du Tréforier de la Province, qui peut éprouver des retards, mais ne peut ni ne doit s'en permettre.

CE Tréforier a deux deniers par livre de l'Impofition, & vingt mille livres qui lui font attribuées pour que la remife en foit faite fans retard au Tréfor-Royal.

LES ETATS ne comparent pas cette rétribution à celle que reçoivent les Receveurs-Généraux des autres Provinces; ils favent que la finance de leurs Charges eft confidérable, tandis que celle de leur Tréforier n'en paie aucune; quoiqu'un titre d'Office foit toujours une dette & une importunité, ils ne fe prévaudront pas de cette différence, mais ils doivent obferver que leur Tréforier eft fujet à de grands frais, que nul autre Receveur n'eft tenu de fupporter. Il doit avoir quatre caiffes; deux à Touloufe & à Montpellier pour la recette, & une troifieme à Lyon pour le paffage des efpeces & une partie du recouvrement, & la quatrieme à Paris, tant pour y fatisfaire au Tréfor-Royal, que pour acquitter les rentes contractées par la Province pour le Service du Roi.

CE Tréforier doit encore avoir des Ambulants qui parcourent les vingt-trois Diocefes de la Province pour y recevoir les fonds que les Receveurs ne font pas tenus de verfer dans fa caiffe; il eft de plus obligé à des voyages annuels de Paris à Montpellier, & il a un établiffement confidérable dans chacune de ces deux Villes; & ce font toutes ces confidératious qui ont porté les Etats à faire avec lui un Traité plus avantageux que s'il n'avoit été queftion que de recevoir les deniers des Receveurs, & de les diftribuer dans la Province.

CE Traité a cependant été diminué de cent mille livres depuis M. Bonnier, parce que les vues économiques s'étendent & fe perfectionnent infenfiblement; & fi les Etats croyoient qu'il dût ou qu'il pût y avoir lieu à quelque nouvelle réduction, ils ne le diffimuleroient pas à Sa Majefté; & ils augurent trop bien de leur Tréforier actuel, pour ne pas croire que fi quelque retranchement étoit convenable, il feroit le premier à s'y prêter.

IL exifte encore en Languedoc un Receveur général; il n'a d'autre rapport aux Etats que celui de recevoir fix cents foixante-dix-neuf mille cinq cents treize livres des Impofitions qu'ils fupportent; ils en ignorent l'utilité; mais c'eft encore un de ces Offices créé par le Gouvernement, & dont la dépenfe ne peut leur être imputée.

ILS connoiffent encore des Tréforiers des Mortes-Paies; l'Impofition qui leur eft demandée fous ce nom, fe porte à vingt-sept mille trois cents trente-cinq livres ; huit mille trois cents une livres cinq sols six deniers sont remis au Tréforier des Etats, qui paie sur cette somme le Gouverneur de Narbonne, le reste demeure entre les mains du Tréforier des Mortes-Paies, & la quittance même du Gourverneur de Narbonne lui est remise ; ces Tréforiers sont au nombre de trois ; l'existence & l'inutilité de ces Offices ne peuvent encore être imputées aux Etats.

ILS en diront de même du Tréforier des Fortifications, auquel les trente-quatre mille livres données par les Etats pour les Places fortes sont remises.

IL leur paroît qu'en évitant ces cascades, on éviteroit aussi les frais qu'elles supposent & qu'elles exigent.

TELS sont les frais de recouvrement de toutes les Impositions, à la réserve de ceux de la Ferme de l'Equivalent.

LES ETATS ne justifieront pas cette Ferme en elle-même ; mais on ne peut leur reprocher de l'avoir conservée, lorsqu'on voit un si grand nombre d'impôts sur les consommations, & en particulier les aides, dont celui-ci est, suivant l'expression même l'équivalent, se perpétuer sans aucune réforme, ils doivent croire que la conversion de ces impôts onéreux, est sujette à bien des difficultés, puisqu'elle n'est pas effectuée par un Gouvernement aussi occupé du bien public.

LES ETATS donnent cette Ferme par Adjudication ; il ne peut y avoir par-là, ni faveur, ni protection, ni vues incertaines qui déterminent leurs suffrages, & cette méthode leur a paru moins sujette aux inconvénients que toute autre.

LE produit de la Ferme est versé dans la Caisse du Tréforier, mais sans qu'il lui procure aucune rétribution ; il n'est pas moins obligé d'acquitter à leurs termes, les charges affectées sur ce produit, & les retards des Fermiers n'en doivent pas mettre dans ses paiements.

C'EST la seule Imposition de cette espece qui existe en Languedoc au profit des Etats. Ils ont abonné toutes les autres qui ont lieu dans le Royaume : Inspecteurs aux Boucheries, Droits sur les Huiles & Savons, Droits de nouvel Acquêt, Dons-Gratuits des Villes, Sols pour livre, tous ces Droits sont abonnés ; & c'est encore là un avantage des Pays d'Etats. Le Roi trouve le secours qu'il demande, sans que les Peuples soient surchargés d'une régie plus coûteuse que l'Impôt même.

LES ETATS ne parlent pas des Droits des Fermes qui ne sont pas entre leurs mains, mais sur lesquels ils ne
croient

croient point déplaire à Sa Majesté, en lui repréféntant que la fin du Bail qui approche, feroit un moment favorable, foit pour convertir une partie de ces Droits, en Droits moins onéreux, foit pour en rendre la perception plus fimple, moins épineufe, moins furchargée de frais & de peines, & moins fuivie de ces difcuffions, de ces procès, de ces amendes qui troublent le repos du Contribuable, & lui rendent infuportable des facrifices qu'il ne regreteroit pas s'ils étoient faits pour fon Souverain.

LES ETATS ne cefferont d'offrir à Sa Majefté leurs fecours & leur foins pour cet objet important; leur idée n'eft certainement pas que les Revenus Royaux fouffrent aucune diminution. Eh! quand les Peuples peuvent-ils avoir plus de défir de les accroître, que dans un moment où le Prince, obligé d'employer toutes fes forces, ménage avec tant d'attention celles de fes Sujets?

MAIS, fi le Tréfor-Royal peut ne rien perdre de fes reffources, & que celles du Peuple puiffent être augmentées; fi la même fomme peut être procurée à moins de frais, & avec des gênes moins répétées & moins continuelles; fi l'acceffoire de l'Impôt peut être détruit, & la perception en être plus facile & plus économique, quelle réforme pourroit être plus glorieufe pour le Roi; & s'il eft permis aux Etats de la lui indiquer, ils regarderont toujours comme le premier de leurs devoirs, d'y concourir en tout ce qui fera en leur pouvoir.

A l'occafion des Fermes, les Etats doivent inftruire le Roi qu'il eft établi fur les Bateaux de fel qui remontent le Rhône, un Droit appellé de Petit-Blanc, payé par les Fermiers-Généraux, & employé par les Tréforiers de France de Montpellier à l'entretien du Pont du St. Efprit. Ce Droit, fur la demande des Etats, a été porté au double pour l'entretien des Chauffées du Rhône, qui en excedent communément le produit; ce doublement fe porte à environ douze à quinze mille livres, & par conféquent le droit en lui-même à vingt-quatre ou trente mille livres; & pour ce modique Droit, il y a trois Offices de Receveur: on peut juger s'ils peuvent être néceffaires, & ne font pas eux-mêmes charge véritable.

POUR ne rien omettre de ce qui regarde les Impofitions, les Etats rendront encore compte au Roi de celles que quelques Communautés perçoivent fous le nom de Subvention ou d'Octrois.

CES Droits portent fur certains objets de confommation; ils font deftinés à des dépenfes extraordinaires. Les Etats font extrêmement réservés à permettre ces Subventions, pour lesquelles leur consentement est nécessaire ; & il ne s'en établit presque plus de nouvelles. Ils craignent qu'elles ne soient plus coûteuses que l'Imposition directe ; qu'elles ne donnent occasion à des dépenses que les Communautés se réfuseroient, si elles ne s'aveugloient pas sur l'effet réel, quoique moins sensible, qui en résulte ; qu'enfin, elles ne soient injustes, lorsqu'elles portent sur des denrées étrangeres aux Communautés qui les obtiennent. Mais quand l'usage des Subventions seroit utile & économique, les Etats seroient encore détournés de l'admettre, par l'abus qu'on en a fait dans les derniers temps : elles représentent une Imposition volontaire, demandée par les Peuples pour leur propre bien; & comme si une Imposition de cette espece pouvoit jamais devenir une Imposition forcée, on l'a assujetie aux sols pour livre.

LES ETATS s'en font chargés en corps pour le bien des Communautés, & ils n'en réclament pas ; mais ils prennent la liberté d'en instruire Sa Majesté, pour lui faire comprendre combien ce qu'on appelloit autrefois l'Art de la Finance, entraîne des dangers. L'Impôt mal assis, en tarit la source ; demandé sous de faux prétextes, il détruit la confiance. Sa Majesté fait maintenant l'heureuse expérience de la méthode opposée ; & Elle éprouvera toujours que l'amour des Peuples est une plus grande ressource que les chicanes & les artifices d'une finance insidieuse.

LES ETATS esperent n'avoir rien omis sur ce premier article ; il présente sans-doute une réforme désirable sur plusieurs objets, mais cette réforme n'est pas uniquement en leur pouvoir, & ils esperent que le Roi n'a aucun doute sur leur empressément à entrer dans les vues que sa Sagesse croira devoir préférer.

SECONDE PARTIE.
Frais d'Administration.

LES ETATS commenceront cet article par convenir qu'il seroit possible de former une Administration Provinciale sur des principes plus économiques que ceux sur lesquels les Etats de Languedoc sont établis ; mais il ne faut pas juger d'une Administration formée, comme d'une Administration naissante, & il peut y avoir dans l'une des raisons de justice & de convenance, que les commencements de l'autre, ne peuvent offrir.

PAR exemple, on peut fuppofer que dans une Adminiftration naiffante, les Députés qu'on y appelle ne reçoivent rien pour leur préfence ; mais en admettant que les premiers effets du zèle ne céderont pas un jour à la néceffité, & qu'il n'y ait pas d'inconvénient à exclure tous ceux qui auroient befoin de rétribution, ou à les admettre fans leur en accorder, n'eft-il pas évident que lorfque des Baronnies ont obtenu par le laps du temps une valeur réelle, & qui a toujours influé dans les acquifitions & dans les partages, la penfion qui forme cette valeur, ne pourroit être retranchée fans donner une véritable atteinte à la propriété ; & tel eft le cas des Baronnies de Languedoc, acquifes à prix d'argent, à raifon de la penfion qui leur eft attachée ; cette penfion eft devenue partie du patrimoine de ceux qui les poffédent, & ne pourroit leur être enlevée fans injuftice.

C'EST ce que fut obligé de reconnoître le Miniftre, qui, entraîné par fon éloignement pour tout privilege, détermina en 1750 le feu Roi à fufpendre les Affemblées du Languedoc. Il n'ofa toucher à ces penfions ; & en 1754, elles parurent fi facrées, que l'on rétablit les montres des Envoyés de la Nobleffe, parce qu'il n'étoit pas jufte qu'elles fuffent fupportées par les Barons.

IL n'en eft pas de même des Evêques. Heureux de prouver au Roi leur zèle & d'être utiles au Peuple, ils feroient recompenfés par leurs fonctions, quand ils ne le feroient pas par le Siége qu'ils occupent. Ils prefferent le feu Roi en 1752, de ne pas avoir égard à l'ufage qui les affimiloit aux Barons. Ils ne voulurent pas en 1754 que leurs Grands-Vicaires fuffent rétablis dans les droits réclamés pour les Envoyés de la Nobleffe ; & fi la foible penfion qu'ils reçoivent, peut produire une utile économie, ils remercieront le Roi de vouloir bien en accepter la remife, fans même croire lui faire un facrifice.

LES ETATS n'en peuvent dire autant des Députés des Villes, & c'eft cette claffe intéreffante qu'il paroît impoffible d'appeler fans lui accorder aucune rétribution.

COMMENT, en effet, obliger d'honnêtes Citoyens, mais peu aifés, à quitter leur foyer, à fe tranfporter, quelques-uns jufqu'à foixante lieues de leur domicile, fans être au moins indemnifés des frais de voyage & de l'abfence ? Et quelle eft la fomme qui leur eft accordée ? Quatre montres dont chacune, eft de cent-cinquante livres & la totalité de fix cents livres ; ce qui pour chacun fait neuf cents trente livres avec ce que leur donnent les Diocefes à titre de journées. Si les Etats ne leur accordoient pas cette remife, les Communautés feroient obligées de venir à leurs fecours, & ce qu'elles leur donneroient, feroit peut-être plus confidérable en lui-même, plus onéreux pour elles, & moins honorable pour ceux qui les recevroient.

CES petits émoluments, & fur-tout l'entrée aux Etats à laquelle ils font attachés, donnent un nouveau relief à l'Adminiftration des Villes. Il en réfulte qu'elle eft confiée aux Citoyens les plus diftingués, & cette bonne compofition des Officiers-Municipaux, eft certainement un grand avantage dans une Province.

C'EST fur le produit de ces penfions & de ces montres, que fut offert au feu Roi le Vaiffeau qui vient de porter dans les Mers éloignées la gloire du Nom François. Jamais elles ne parurent fi précieufes qu'à cette époque honorable; & les Etats fe croient d'autant plus permis de la rappeller aujourd'hui, qu'à l'exception de leur Préfident, qui eut alors le bonheur de donner le premier fa voix, & d'une vingtaine de Députés qui affiftent encore aux Affemblées, les autres ne peuvent fe glorifier que du même zèle, qui, dans les mêmes circonftances, produiroit les mêmes effets.

LES montres des Députés des Villes, forment un objet de quarante-quatre mille livres dans la fomme de deux cents mille livres, à laquelle l'Arrêt du Confeil de 1752, qu'on ne peut accufer de ménagement, réduifit la dépenfe des Etats; elle montoit auparavant à la fomme de deux cents foixante mille livres; depuis elle a été augmentée de vingt-deux mille livres, indépendamment des montres des Envoyés de la Nobleffe.

Si on ajoute à ces quarante-quatre mille livres les fommes attribuées aux Syndics, qui, à raifon de l'importance de leurs Charges, & de la maniere dont ils les rempliffent, ne peuvent paroître exceffives; les gages modiques des Greffiers, & ce qui eft accordé aux uns & aux autres pour les frais de leurs Bureaux, ce que les Etats doivent donner en vertu de cet Arrêt, à des perfonnes étrangeres à la Province; enfin, les frais de la députation fixés par le même Arrêt, on verra que les autres frais fe trouvent bornés à peu près à foixante-dix mille livres.

IL faut encore diftraire de cette fomme celle de treize mille trois cents trente-cinq livres quatre fols, que les Etats font dans l'ufage d'accorder aux maifons Religieufes, de Charité, Hôpitaux, ou à des Pauvres honteux, & qui ne peut être regardée comme frais d'Adminiftration.

LE refte ne préfenteroit point une modération qui fût de quelque prix. Que produiroit, par exemple, le retranchement

chement d'une Musique qui coûte trois mille livres, & donne de la solemnité à la Messe des Etats; d'une Garde de Maréchaussée qui coûte seize cents cinquante-deux liv. & qui en certaines occasions, écarte le trouble & l'affluence; la diminution de la Buvette, qui ne coûte que onze cents trente-deux liv.; des Cierges de la Procession dont on ne fait mention que parce que les autres articles sont de la même importance. Toutes ces modérations & autres semblables, sont rigoureusement possibles; mais, n'y a-t-il pas une pompe nécessaire dans l'Assemblée d'une grande Province? N'y a-t-il pas un appareil extérieur qui fait impression sur le Peuple, & qui le satisfait dans ses Représentants? Veut-on qu'une Assemblée puisse porter dans les détails de cette espece le même genre d'économie qu'un Particulier? Celui-ci trouve un bénéfice dans la régie des plus petits objets; une Assemblée n'en trouve que dans des forfaits, qui, quoique plus chers en apparence, sont dans la réalité moins coûteux, parce qu'ils sont moins sujets à erreur.

IL n'y a certainement pas de Magnificence dans la Salle mesquine où les Etats tiennent leurs Séances; il n'y en a pas dans la maniere dont elle est ornée; il n'y en a pas dans leurs Cérémonies extérieures, qui se bornent à une Procession solemnelle trois jours après l'Ouverture; ils diront donc avec confiance, qu'ils ne voient point de réduction convenable & intéressante sur aucun article de cette dépense; & ils ajouteront que quoique tout soit augmenté depuis l'année à laquelle ces dépenses ont été fixées par un Arrêt du Conseil, elles ne se sont point accrues; de sorte que s'il y avoit eu de l'excès (ce qui est difficile à supposer, en se rappellant les circonstances de cette époque) le temps l'auroit corrigé, & l'économie seule auroit empêché l'augmentation que tous les autres objets de dépense auroient éprouvé.

ON pourroit peut-être regarder les frais de la Députation comme excessifs, & dire que c'est trop dépenser que d'accorder huit mille livres à l'Évêque, autant au Baron, & autant aux deux Députés du Tiers.

DANS un temps où toutes les demandes des Etats essuyoient les plus vives contradictions, on a cependant pensé, que vu la distance des Lieux, quatre mille livres ne sont pas exorbitantes pour chaque Député du Tiers, & on aura donné le double aux Députés des deux autres ordres parce que dans les Corps, les dépenses se reglent ordinairement suivant la Dignité des personnes, & non suivant leurs besoins.

IL a été remarqué que dans les deux cents mille livres fixées par l'Arrêt du Conseil de 1752, il y a une partie affectée à des personnes étrangères à la Province. On peut placer dans la même classe, ce qu'il en coûte chaque année pour le Logement des Commandants & Officiers employés; les Etats sont dans l'usage constant de payer ces logements, & c'est un avantage pour les Communautés, qui en sont dispensées; ils ne réclament point contre ce paiement en lui-même, mais ils ne savent si cette facilité n'a pas donné lieu à multiplier les logements au-delà du besoin.

DANS le dernier siecle, on établit dans les Cévénes un nombre de petits Commandements, dont le Logement est la seule rétribution. Tout d'un coup ils ont été augmentés par M. le Comte d'Eu, & sans qu'on en ait connu la nécessité : en voyant la liste de tous ces Logements, on y remarque que le nom de Personnes qui ne mettent sûrement pas le pied dans la Province ; le total en monte à plus de quatre-vingt-dix-sept mille livres. Si Sa Majesté s'en fait représenter le détail, peut-être y trouvera-t-Elle, au moins pour la suite, des retranchements utiles. Les Etats ne regretteront jamais ce qui tourne au profit du Trésor-Royal & au bien de la Province. Mais pourquoi seroit-on facile à leur imposer des charges que le département même dont elles dépendent, ne voudroit pas supporter, s'il étoit obligé d'y satisfaire ? Les forces du Peuple ne doivent-elles pas être ménagées ; & ce qu'on lui fait payer sans motif, n'est-il pas perdu pour les temps difficiles où l'on peut avoir besoin de secours extraordinaires.

LES ÉTATS n'envisageront pas sous le même point de vue, ce qu'ils sont dans l'usage de remettre au Gouverneur de la Province, aux Lieutenants-Généraux, à plusieurs Commandants qui y sont employés, & particulierement à ce qui est attribué au Commandant en Chef, & à l'Intendant ; ils ne croiront jamais acquitter assez la Province de ce qu'elle doit aux deux derniers ; & ils sentent qu'ils acquittent le Roi de ce qu'il seroit tenu de donner aux autres. Les Etats ajouteront même, que s'il y avoit quelque modération à faire, elle ne pourroit tomber sur les Places qui exigent une résidence, une activité, une représentation, & de grandes dépenses qui en sont une suite nécessaire ; mais quelque juste que puisse être la distribution de ces sommes, les Etats ne peuvent s'empêcher de remarquer qu'elles excédent deux cents mille livres ; & si on y ajoute les quatre-vingt-dix-sept mille livres des Logements, & plus de trente mille livres compris dans les deux cents mille livres de l'Arrêt de 1752, il fera aifé d'en conclure que les frais d'Adminiftration étrangers à la Province, font infiniment fupérieurs à ceux qui lui font perfonnels.

IL eft encore une dépenfe dont les Etats font chargés, & qui quelquefois fe porte à des fommes confidérables; celle des Etapes. Il n'eft pas au pouvoir des Etats de la modérer ou de l'accroître : elle dépend de la réfidence & & des mouvements des Troupes, fur lefquels ils n'ont rien à ordonner. Tout ce qui les concerne, c'eft que le Service foit fait avec exactitude, fans furcharge pour les Peuples, & de la maniere la plus économique. Ils ont lieu de croire que la méthode qu'ils ont fuivie de rendre cette Affaire commune, & de venir ainfi au fecours de l'Habitant, par une Entreprife générale, mérite la préférence, puifque dans ces derniers temps, le Gouvernement paroît l'avoir adoptée pour le refte du Royaume.

LES Etapes font données à la moinfdite, & les foins que les Etats ont pris, notamment cette année, pour ne pas recevoir la loi des Entrepreneurs, eft une preuve qu'ils n'ont jamais ceffé d'être animés des vues que Sa Majefté défire fortifier en eux ; & que s'ils font trompés quelquefois, c'eft qu'il n'eft pas poffible aux Adminiftrations les plus attentives, d'être à l'abri de toute furprife.

LA dépenfe des Etapes accroît ou diminue, comme on l'a dit, fuivant la réfidence & le nombre des Troupes. Les Etats ne fe plaindront pas du nombre de celles qui réfident ; ils ont pour principe (comme on le voit dans plufieurs articles de ce Mémoire) qu'une dépenfe ne doit pas être regrettée, lorfqu'elle produit plus qu'elle ne coûte, & tel eft l'effet néceffaire d'une grande confommation ; mais ils ne peuvent s'empêcher de défirer que les mouvements intérieurs ne foient pas multipliés fans néceffité ; & que l'Infanterie, plus utile par le nombre & par fa forme, foit plutôt placée dans la Province, que la Cavalerie pour laquelle il y a peu de Quartiers vraiment convenables, foit pour la nourriture des Chevaux, foit pour le Service.

ON doit mettre dans les frais d'Adminiftration, ce que la Province fupporte pour la Mendicité. Quand le premier établiffement a été formé, les Etats s'y font prêtés avec zèle, & la dépenfe a excédé ce qui leur avoit été demandé. Ils ne regretteroient ni cet excédent, ni la fomme à laquelle il a été réduit, s'il en réfultoit quelqu'avantage ; mais il n'y a perfonne qui n'attefte à Sa Majefté, que le même nombre de Mendiants fubfifte dans la Province ; & qu'ainfi, tout ce qu'on fait depuis dix ans, n'a produit aucun effet. Les

Etats ont eu l'honneur de le repréſenter pluſieurs fois, il vient de leur être répondu que l'on écouteroit volontiers les moyens qu'ils propoſeroient ; mais parce que le Gouvernement eſt incertain, de ce qu'il doit faire, ſur cet important objet, parce que les Etats le ſont peut-être eux-mêmes ſur ce qu'ils doivent indiquer, parce que la matiere eſt plus étendue qu'on ne croit, & a beſoin d'être, pour ainſi dire, repriſe par deſſous-œuvre, & traitée d'après des principes plus réfléchis, l'inutilité des moyens employés, eſt-elle moins conſtatée ? Et quand on penſe que des eſſais coûtent au Languedoc déjà plus de ſix cents mille livres, & que de ces ſix cents mille livres, les deux tiers n'ont pas ceſſé d'être dépenſés depuis que ces eſſais ſont conſtatés inutiles ; quand on penſe à ce que le même objet a pu coûter à proportion, dans les autres Provinces, c'eſt alors vraiement que le mérite d'une ſage économie ſe fait ſentir. Il ne faudroit peut-être pour tarir la ſource de la Mendicité, que les ſommes qui n'ont ſervi juſqu'ici, qu'à la pallier, & quelques Perſonnes oſeroient même dire, à l'entretenir.

LES ETATS viennent de parcourir pluſieurs frais d'Adminiſtration, qu'il n'eſt pas en leur pouvoir de modérer. Il leur reſte à parler de ce qui regarde les encouragements.

S'ILS ſont généralement utiles, ils ſont particuliérement néceſſaires en Languedoc.

IL n'en faut pas juger comme des Provinces voiſines de la Capitale. Les connoiſſances dont jouit cette Ville immenſe, refluent avec facilité dans ces Provinces ; ſon voiſinage y excite l'induſtrie & les talents, & tout y eſt mis à profit, parce que par tout ce profit eſt proportionné aux avances.

DANS les Provinces éloignées au contraire, les progrès de la Capitale ſont perdus, elle ne leur rend pas ce qu'elle en reçoit, & elle les appauvrit au lieu de les enrichir.

IL faut donc qu'elles trouvent en elles-mêmes leur force & leur appui ; & les Etats oſent aſſurer Sa Majeſté, que ſi le Languedoc n'avoit pas trouvé l'un & l'autre dans leur adminiſtration, on n'y verroit que miſere & découragement.

IL n'offre pas de ces plaines vaſtes & fertiles, dont les productions aſſurées, laiſſent dormir en repos le Laboureur qui les cultive ; un tiers du Languedoc peut à peine produire des bleds, & le reſte conſiſte en montagnes, ſouvent incultes, ou qui ne ſont cultivées que par les ſoins de la plus induſtrieuſe activité.

LES récoltes ſont variées, mais ſujettes à tant d'accidents, que les eſperances y ſont continuellement fruſtrées. La beauté

beauté du climat est un danger, par les orages qu'il entraîne, le voisinage de la Mer, par le vent désastreux qu'il amène, les rivieres même, parce qu'elles sont presque toutes des torrents qui portent plutôt la ruine que la fécondité.

SITUÉ d'ailleurs au milieu de deux Provinces plus voisines des grands débouchés, asservi par sa position à Marseille & à Bordeaux, il auroit à peine, sans le Canal-Royal, le moyen de se défaire de ses denrées; & sans les soins des Etats, on n'y verroit ni Manufactures ni Commerce.

CE sont ces soins & les encouragements qui en ont été la suite, qui ont procuré à cette Province ce Commerce des Draps du Levant, enlevé à l'industrie angloise, & qui ne connoît plus d'ennemis que les gênes intérieures qu'on lui oppose.

C'EST par les mêmes encouragements, que s'est élevée cette multitude de mûriers dans un Pays où il a fallu leur former un terrain, & porter à bras d'homme, sur des pics escarpés, le sol sur lequel ils doivent naître.

FILATURE des laines & perfection de toute espéce d'étoffes, auxquelles elles sont propres; filature de soie, & machines pour enlever au Piémont la supériorité de son organsin, & à l'Angleterre celle de ses moires; Fabriques de coton & teinture avec ce beau rouge, si peu connu & si nécessaire; exploitation des Mines de charbon de terre, que la rareté du bois rend si précieux; emploi de ce minéral aux verreries, aux eaux-de-vie, aux huiles, au dévidage des soies, & bientôt à la fabrication du fer, si les succès répondent aux premieres espérances: Découverte des Mines de couperose, qu'on alloit jusqu'ici acheter chez l'Etranger; essais heureux sur l'acier, le cuivre, le plomb & l'argent même, qui, renouvellant des travaux abandonnés depuis les Romains, n'attendent que quelques succès de plus pour être suivis avec la plus grande activité: Productions variées de toute espece de la nature & de l'art: Tout ce qui fait la richesse d'une Province & le bonheur des Habitants, a été l'objet de l'attention des Etats.

AUSSI, oseront-ils dire à Sa Majesté que le moment de leur Assemblée offre un spectable intéressant par l'empressement avec lequel chaque Citoyen vient leur faire part de ses découvertes & de ses projets. Il n'y a presque point d'année où quelque objet utile ne soit proposé; & cette émulation qui regne dans toutes les parties, cette heureuse fermentation qui donne l'essor au génie, & l'empêche de rester enfoui, ce concours général de vues & d'intérêts particuliers d'où résulte l'intérêt public, est l'effet de l'attention des Etats à ne rien négliger de ce qui peut être utile, à protéger tout ce qui doit l'être, à ne pas regretter de légéres sommes qui peuvent amener des grands profits, & à ne pas regarder même comme donnée au hazard une récompense qui n'auroit d'effet que d'encourager les talents.

CES encouragements montoient autrefois à des somme considérables. Le Commerce des draps recevoit en particulier de grandes gratifications, & on ne doit pas le regretter ; mais les Etats sentirent de bonne heure qu'elles devoient avoir des bornes ; ils le représenterent plusieurs fois sans être écoutés, & ne le persuaderent qu'en 1757, elles montoient alors à quatre-vingt-cinq mille livres ; & ce qui prouve que les spéculations économiques des Etats étoient justes, c'est qu'elles se porteroient à deux cents cinquante-huit mille livres.

ACTUELLEMENT ce Commerce ne coûte plus à la Province que trente-cinq mille quatre cents livres accordés aux Propriétaires des Manufactures-Royales. Pour entendre cette dette, il faut savoir que lorsqu'on voulut établir le Commerce du Levant, douze Manufactures furent construites, & on assura à ceux qui les éleverent, une somme annuelle qui les dédommagea de la dépense, & leur servit de loyer. C'est cette somme, qui, devenue un patrimoine des Propriétaires de ces Manufactures, leur est payée fidélement, conformément aux premieres conventions.

IL seroit sans doute possible de s'en libérer ; mais ce ne peut être que de gré-à-gré, & en dédommageant les Propriétaires qui la reçoivent.

APRÈS ce qu'on dit de la Magnificence des Etats, & ce qui vient d'être exposé des soins qu'ils se donnent pour exciter l'Industrie, Sa Majesté sera peut-être étonnée de savoir que les sommes annuelles employées à cet objet, & qui montoient autrefois à plus de deux cents mille livres, ne vont pas à-présent, en y comprenant les gages des Inspecteurs des Manufactures, à cinquante mille livres par an.

C'EST que les Etats sont persuadés que, si les encouragements sont nécessaires, ils doivent être distribués avec une grande discrétion ; que leur profusion seroit nuisible, & deviendroit quelquefois un privilege injuste ; que pour que le Public en donne, il faut qu'ils lui soient profitables ; & qu'enfin, le mérite en cette matiere, est de ménager l'intérêt particulier, sans cesser de s'en défier ; de l'abandonner à ses forces lorsqu'elles peuvent lui suffire, & de ne lui prêter que celles qu'il ne pourroit trouver en lui-même.

C'EST ainsi que dans cette Assemblée, ils ont refusé des

gratifications à un Citoyen industrieux (*), qui se propose de multiplier les soies blanches, qu'on appelle de Nanquin : cette découverte pourra sans doute concentrer dans le Royaume plusieurs Millions, que le besoin de ces soies portoit à la Chine; mais la découverte n'est pas entierement nouvelle, & elle sera utile à celui qui l'a présentée : il a suffi aux Etats de l'avoir excitée, sans qu'ils soient obligés d'y joindre aucun encouragement.

ILS sont au contraire disposés à aider les Manufactures de Papier établies à Annonay, pour qu'elles puissent se procurer des cylindres qui les fassent atteindre à la perfection hollandoise. Le premier établissement de ces cylindres demande des frais que le second n'aura pas à éprouver ; & celui qui commence, doit être indemnisé par le Public de cette différence.

EN général, les Etats n'accordent autant qu'il est possible, des gratifications qu'aux choses faites ; & cette méthode les met à l'abri de bien de surprises : c'est ainsi qu'ils allient l'économie avec les encouragements. Une Province, comme un Particulier, n'est pas ruinée par l'argent qu'elle dépense, mais par celui qu'elle dissipe. Les Etats ne calculent pas ce qu'ils donnent, mais ce qui en résulte ; & la modicité des secours qu'ils accordent, comparée à la grandeur des effets qu'ils ont produits, leur fait espérer d'avoir à-peu-près atteint le juste milieu que toute Administration sage doit se proposer en cette matiere.

LES ETATS donnent encore des encouragements, peut-être trop bornés, aux Sciences & aux Arts. Tout languit dans les Provinces éloignées de la Capitale ; si elles sont abandonnées à elles-mêmes, elles fournissent & ne reçoivent pas. Il faut donc qu'une Administration vigilante soit sans cesse occupée à réparer leurs pertes ; & c'est à cette intention que les Etats ont accordé mille livres au Collége de Soreze, pour y soutenir l'émulation par une distribution de Prix solemnelle ; mille livres à chaque Académie des Sciences de Toulouse & de Montpellier ; deux mille à l'Académie des Arts de Toulouse ; & enfin, mille livres cette année à celle du même genre que des Citoyens respectables viennent de lever à Montpellier. En travaillant pour la Province, les Etats travaillent pour tout le Royaume, & sur tout pour les parties méridionales ; & ils osent croire que, si sur cet article ils ont quelque reproche à essuyer, c'est de n'en avoir

---

(*) Le Sieur Sylvain de la Bitarelle.

pas fait affez. Ils connoiffent bien ce qui manque encore au Languedoc ; la Minéralogie, la Phyfique expérimentale y font en particulier comme inconnues ; mais ils croient que le bien doit s'opérer infenfiblement, & ils faifiront les circonftances favorables pour former les Etabliffements utiles auxquels ils n'ont encore pu parvenir.

LES ETATS ne parlent pas de ces bruits populaires d'une fomme de cent mille livres diftribuée tous les ans par leur Préfident, & d'autres dépenfes de ce genre. Sa Majefté fait bien ce qu'on doit croire de ces fables, dont on ne peut concevoir l'origine ; toute dépenfe eft portée fur un état autorifé par les Commiffaires de Sa Majefté, & il ne peut y avoir rien de fufpect ou d'obfcur.

CELLES que fupportent les Diocefes pour leur Adminiftration particuliere, font peu confidérables ; un fonds médiocre eft affigné aux dépenfes imprévues ; les autres ne peuvent avoir lieu fans l'autorifation des Etats & celle du Confeil ; les plus fortes font celles des chemins dont il fera parlé.

LES Communautés ont auffi un fonds pour les dépenfes imprévues dont elles doivent rendre compte. Les dépenfes fixes font déterminées par une Commiffion qui fubfifte depuis 1734 ; l'ordre eft tel dans cette partie d'Adminiftration, qu'à tous les inftants il eft facile de connoître la fituation de chaque Communauté, & les Etats ne favent point fi un pareil ordre fubfifte dans aucune autre Province ; de forte que fi fur cet objet comme fur tous les autres, il ne font pas encore parvenus à la plus parfaite économie, ils ont au moins établi l'ordre qui en eft le principe & le garant.

ILS ne diffimuleront pas cependant qu'on peut leur reprocher de laiffer fans fonds d'amortiffement des dettes contractées par leurs peres. Ils ont dans ces derniers temps éloigné autant qu'il eft poffible cette méthode des Emprunts, & fur-tout des Emprunts fans rembourfement ; mais ils en ont trouvé de confidérables, & ils avoueront qu'il manque à leur Adminiftration de les avoir pas encore amortis ; ils ne défefperent pas d'y parvenir, & lorfqu'ils pourront établir une caiffe d'amortiffement pour ces dettes anciennes, ils croiront rendre un véritable fervice à la Province, & en même temps à Sa Majefté. Libérer fes Sujets, c'eft les mettre en état de lui donner plus des preuves de leur zèle & de leur amour.

TROISIEME

TROISIEME PARTIE.
Ouvrages - Publics.

C'EST peut-être dans les Travaux-Publics qu'éclate le plus ce qu'on aime à appeller la Magnificence du Languedoc; & effectivement lorsque des chemins durs, raboteux, & mal entretenus du Dauphiné, du Quercy, & de la Généralité de Bordeaux, on passe sur les routes unies, faciles & praticables en tout temps du Languedoc; lorsqu'on pense que ces utiles communications commencent à s'étendre dans les parties les plus reculées; lorsqu'on voit les mêmes soins se porter sur les Ports, sur les Canaux & les Rivieres, & sur toute espece d'Ouvrages-Publics; lorsqu'on sait que les sommes employées pour ces divers objets, montent à près de deux millions chaque année, on est tenté de croire que le Languedoc est la Province la plus opulente du Royaume, & la moins ménagere sur ses dépenses.

MAIS si on vouloit considérer l'étendue d'une Province qui a deux mille huit cents Communautés, & dix-huit cents mille Habitants; si on vouloit penser que tout travail contraint, y est proscrit, & que tout s'y fait à prix d'argent; si on vouloit mettre à part les Ports & les Canaux dont aucune autre Province n'a, comme le Languedoc, à supporter les frais; & si ensuite on vouloit mettre en balance le montant des diverses Impositions de chaque Généralité, & ce que la caisse des ponts & chaussées leur fournit, tandis que le Languedoc ne reçoit des secours que de lui-même (*a*); si on y ajoutoit le prix des corvées, qui, pour n'être pas soldées en argent, ne sont pas moins une dépense réelle, & celui des terrains, qui, payés en Languedoc, sont ailleurs

---

(*a*) Ce n'est pas que le Roi ne paroisse quelquefois aider la Province dans ses grandes entreprises.

Par exemple, il lui a accordé cent cinquante mille livres pour le Canal de Beaucaire à Aiguesmortes; cinquante mille livres pour les ouvrages de la Garonne; trente mille livres par an, pour les ouvrages de la riviere d'Aude; soixante mille livres une fois payées pour le pont de Lavaur, & plusieurs autres semblables secours; mais les cent cinquante mille livres données pour le Canal de Beaucaire, & les cinquante mille livres pour la Garonne, sont pris sur une crue du Sel demandée à la Province, & qui produit six cents mille livres, & cette crue avoit été demandée pour abolir les Péages, & principalement ceux du Rhône.

Les autres sommes sont prises sur les fonds destinés aux indemnités; ces indemnités le sont elles-mêmes sur les Impositions de la Province; de sorte qu'on a raison de dire qu'elle ne reçoit dans la réalité, aucun secours que d'elle-même.

gratuitement enlevés aux Propriétaires ; si on pouvoit calculer la dépense inestimable qui résulte pour le Cultivateur & le Manouvrier de ces mêmes corvées, souvent exigées dans un temps où leur travail leur est le plus précieux ; enfin, si on vouloit réfléchir que dans la plupart des Généralités, les communications se bornent aux lignes des Postes, tandis que les chemins intérieurs y sont impraticables ; les Etats osent croire que non-seulement la préférence seroit pour leur Administration, mais même que la dépense y est moindre en proportion des ouvrages (*b*). Quant à la maniere dont les ouvrages se font dans la Province, les Etats prennent la liberté de joindre à ce Mémoire leur Réglement qu'ils ont tâché de perfectionner, & que le Conseil a autorisé.

ON y verra, ainsi que dans les diverses Délibérations consignées dans les Procès-Verbaux, que nul ouvrage n'est entrepris qu'après avoir été préparé presque toujours pendant plusieurs années, par un long & pénible examen, par des discussions & des vérifications sans nombre, & tous les moyens qui doivent faire esperer qu'on ne peut être trompé ni sur l'utilité, ni sur la dépense.

ON y verra que tout se fait par Adjudication & à la moins-dite, & que si la nécessité oblige quelquefois, & pour des objets de peu d'importance de s'écarter de cette marche, le Réglement & la pratique y rappellent toujours, parce qu'il n'y en a pas de plus sure & de plus exacte pour les grandes Administrations.

ON y verra que la forme de ces Adjudications ne permet jamais aux Entrepreneurs de demander à compter de Clerc à Maître, ou de réclamer des indemnités. Les Etats savent qu'une forme contraire est usitée dans les ponts & chaussées ; mais si ce qu'on assure est vrai que le pont de Marssac a été adjugé pour cent quatre-vingt-sept mille livres, & que les Entrepreneurs en demandent cent trente mille de plus, ils

---

(*b*) Un simple calcul peut le démontrer en ne sortant pas du Languedoc. Si sur dix-huit Habitants on en suppose un corvéable, on en auroit cent mille en Languedoc, ce qui ne feroit pas quarante par Communauté ; si on employoit ces corvéables, comme dans les autres Généralités, on exigeroit d'eux au moins six journées par chaque saison, ce qui feroit par an douze cents mille journées de corvéables ; si on estimoit ces journées à vingt sols, comme elles se paient, l'une portant l'autre, en Languedoc, le prix de ces journées seroit de douze cents mille livres, & si on y joignoit celui des Voitures, on sent combien cette somme de douze cents mille livres seroit accrue alors ; on n'imposeroit pas deux millions, mais on en dépenseroit davantage, & les chemins seroient moins multipliés, & surtout moins entretenus ; l'entretien exige un soin continuel ; le travail des corvées ne se fait que deux fois par an, elles réparent, mais elles n'entretiennent pas, & l'économie consiste à rendre par l'entretien les réparations inutiles.

oferont croire que leur méthode eft préférable, & que des marchés précis, font le principe d'économie le plus certain.

ON y verra que les plus petits ouvrages ne peuvent être entrepris fans être autorifés par les Etats : que dans l'intervalle des Affemblées, des Commiffions compofées des Membres des Trois Ordres, veillent tellement à l'exécution des projets arrêtés, que le plus leger changement ne peut être fait par les Directeurs, fans leur être communiqué.

ON y verra que chaque ouvrage a fon fonds qui lui eft affecté, & dont la deftination ne peut être intervertie, qu'au cas où les Etats ayant jugé qu'il ne pourroit avoir lieu pendant le cours de l'année, il conviendroit de l'appliquer à un autre plus preffé, avec l'affurance d'être remplacé l'année fuivante.

ON y verra fur tout, que l'entretien qui, quelque cher qu'il foit, eft la plus grande économie des Ouvrages-publics, a dans ces derniers temps tellement attiré l'attention des Etats, qu'ils ont mieux aimé fufpendre des ouvrages néceffaires, que de ne pas mettre ceux qui exiftoient, en état de neuf, pour être donnés à l'entretien, & n'avoir plus befoin d'autre dépenfe.

LES ETATS ne prétendent pas que toutes les parties de ce Réglement foient exécutées auffi ponctuellement qu'ils le voudroient, ils tâchent au moins de ne s'en pas écarter en ce qui les concerne : & fi malgré leurs foins, quelques parties paroiffent négligées, ils prient le Particulier qui feroit tenté de leur en faire un reproche, de réfléchir combien dans fa propre maifon, dans les travaux qu'il entreprend, ou dans les bâtiments qu'il conftruit, il éprouve des contradictions & même d'infidélité ; & alors il n'a qu'à fe demander à lui-même s'il eft jufte de reprocher à une grande Adminiftration, qui a tant d'objets à foigner & à conduire, des inconvénients dont fon propre intérêt ne peut le mettre à l'abri.

MAIS il ne fuffiroit pas aux Etats d'avoir mis ainfi fous les yeux de Sa Majefté l'enfemble de leurs travaux, & de la dépenfe qu'ils occafionnent, un plus grand détail eft néceffaire, & il convient de confidérer en particulier les Chemins, les Ponts & Canaux, & enfin tous les autres ouvrages qui ne font pas compris dans ces trois premiers.

CHEMINS.

ON ne reprochera pas aux Etats la maniere dont les Chemins fe fubdivifent en Chemins de la Province, Chemins de Sénéchauſſées & Chemins de Dioceſes. Toutes ces Adminiſtrations ſont ſubordonnées aux Etats, mais chacune délibere ſur ce qui l'intéreſſe perſonnellement; & des dépenſes ſont plus difficilement exagérées, lorſqu'elles ſont demandées par ceux qui en profitent & les ſupportent.

ON ne leur reprochera pas la largeur des Chemins, & la profuſion du terrein qui en ſeroit une ſuite. Les Chemins de Province ou de Poſte ont trente-ſix pieds entre les foſſés, ceux des Sénéchauſſées trente, ceux des Dioceſes vingt-quatre. Le Réglement preſcrit ces dimenſions; & l'obligation de payer au Propriétaire le terrein qu'on lui enleve, en aſſure l'exécution.

ON ne reprochera pas non-plus aux Etats cette fureur des longs alignements, dont le même uſage de payer ſuffiroit pour les garantir. Quand le terrein devient une nouvelle dépenſe, on ſe tient au ſimple néceſſaire.

ENFIN, on ne fera pas un crime aux Etats, du ſoin qu'ils prennent pour que les Chemins faits ſoient bien entretenus. Cet entretien eſt, comme on l'a dit, la premiere de toutes les économies; & s'il eût toujours eu lieu, les Etats ne ſeroient pas obligés de réconſtruire des Chemins faits autrefois, & détruits parce qu'ils ont été négligés. Si cet entretien n'eſt pas encore parvenu à la perfection qu'ils déſirent, ils y tendent tous les jours; & plus ils en approcheront, moins le prix ſera conſidérable.

ON ne pourroit donc reprocher aux Etats que la multitude même de ces Chemins, à l'ouverture deſquels il faut convenir que toutes les parties de la Province ſe portent avec la plus grande ardeur.

PENDANT vingt ans & plus, le Gouvernement n'a ceſſé d'exciter les Etats à s'occuper de cette partie d'Adminiſtration, & particulierement des communications du ſecond ordre, qui effectivement avoient été négligées.

TOUT d'un coup, & ſans qu'on pût en deviner la cauſe, une invitation contraire a ſuccédé. Ce n'étoit pas pourtant un tort aux Etats d'avoir fait avec zèle ce qui leur étoit recommandé avec inſtance & continuité; mais ce changement d'inſtruction avoit été dicté par un Miniſtre peu ſoucieux du bien public, qui croyoit que la dépenſe la plus néceſſaire devoit être ſacrifiée au plus léger accroiſſement du Tréſor-Royal.

DES temps plus heureux ont ſuccédé à cette époque déplorable, & les Etats ſont bien perſuadés que la modération qui leur eſt recommandée aujourd'hui, n'a en vue que le ſoulagement des Peuples; mais ils oſent aſſurer Sa Majeſté que ce ſeroit une économie meurtriere que de vouloir

en

en cette partie, arrêter le zèle des diverses Administrations de la Province. Ce zèle est d'abord lui-même une preuve de l'utilité des communications qu'il multiplie ; & si les Administrateurs écoutoient toutes les demandes qui leur sont faites par les Contribuables, la dépense seroit bientôt doublée & supportée sans regret.

ET il ne faut pas croire que les Peuples en demandant ces communications, soient aveugles sur leurs intérêts. Les grandes Lignes font sans-doute la ressource du Commerce & le bonheur de celui qui voyage ; mais ce sont les communications particulieres qui rendent les grandes routes utiles.

C'EST par leur moyen que les denrées transportables dans tous les temps acquierent leur vraie valeur, & mettent à portée d'acquitter l'impôt.

C'EST par elles que le Commerce perçant toutes les parties d'une Province, la vivifie, & établit entre les Habitants le seul niveau dont la Providence a permis qu'ils fussent susceptibles.

C'EST aussi par les travaux qu'elles exigent, que la main-d'œuvre est soutenue ; le Manouvrier soustrait à l'empire du riche Propriétaire, & la pauvreté plus puissamment secourue, que par ces Ateliers de charité établis depuis peu dans quelques Provinces, & qui ne peuvent entrer en comparaison avec ces Ateliers constants & perpétuels que des travaux divers & non interrompus, offrent de toutes parts dans le Languedoc (c).

C'EST en partie par cette derniere raison, qu'au lieu de porter de fortes sommes sur un objet particulier, on préfére de les diviser, pour diviser aussi les travaux. Le bienfait est alors sensible dans un plus grand nombre de Lieux ; l'égalité se soutient par tout dans le prix des salaires ; & si on jouit moins promptement, cette économie de temps est aussi une économie de dépense. Plus on presse un ouvrage, plus il est cher ; & si on veut qu'il coûte moins, il faut en prenant du temps pour le finir, attendre l'Ouvrier & non l'enhardir par trop d'empressement, à faire la loi.

C'EST ainsi que les Etats cherchent à concilier les divers

(c) Si en prenant des exemples hors du Languedoc, on considére la Généralité d'Auch, & la différence de son état actuel avec ce qu'elle étoit avant M. d'Etigny, on y verra que suivant l'expression du Pays, les louis y sont plus communs que les écus ne l'étoient autrefois. Le travail des corvées y a peut-être été un peu trop précipité ; mais le bon effet de ce travail est si sensible, que la mémoire de cet Intendant y est en bénédiction ; & le Trésor-Royal auroit en vain avant lui, réclamé les sommes qu'il en retire.

intérêts dont ils font chargés ; & ces principes feront encore plus connus en les appliquant aux différentes efpeces de Chemins.

ON a dit qu'ils fe fubdivifoient en Chemins de Province, de Sénéchaufſée & de Diocefe.

CEUX qui font à la charge de la Province font la grande Ligne, depuis le Pont Saint-Efprit jufqu'à Montauban ; elle parcourt quatre-vingt-dix-fept lieues de Pofte, & eft divifée en trois parties fuivant les Sénéchauffées ; foixante mille livres font affectées à celle de la Sénéchauffée de Nifmes, autant à celle de Carcaffonne, & foixante-dix mille livres à celle de la Sénéchauffée de Touloufe.

CES fommes font employées à entretenir les parties mifes en état de neuf fuivant le nouveau Réglement, & à y mettre les autres. Cette grande Ligne qui, faute d'entretien, fe réparoit fans s'améliorer, fera en dix ans, à-peu-près, & plutôt même pour quelques parties, portée à fa perfection, & la dépenfe fera réduite alors au feul entretien & à la réconftruction des ponts qui viendront à s'écrouler.

A cette grande Ligne, il faut ajouter dans la Sénéchauffée de Carcaffonne le Chemin de Narbonne en Rouffillon, auquel on affecte . . . . . . 18000 livres.

CELUI de Belefta, auquel on affecte . 15000 livres.

CELUI de Mont-Louis, auquel on affecte . 15000 livres.

DANS la Sénéchauffée de Nifmes, celui de Nifmes à Avignon, auquel on affecte . . . . 15000 livres.

CELUI de Montpellier à Sette, auquel la Province contribue pour . . . . . 20000 livres.

CELUI de Beaucaire à Nifmes, & celui de Montpellier à la Verune, qui font compris dans la Ligne de la Pofte.

ET enfin, le Chemin de l'Auvergne pour lequel on impofe annuellement cinquante mille livres, indépendamment des cinquante mille livres qui font pris fur l'Equivalent.

SI on compare l'importance & la néceffité de plufieurs de ces Chemins, dont quelques-uns ont été fucceffivement recommandés aux Etats par le Gouvernement, avec le peu d'argent qui y eft employé chaque année, on fera tenté d'accufer les Etats de n'y pas appliquer des fonds affez confidérables ; mais on a vu ci-deffus l'avantage qui réfulte de la divifion des entreprifes ; il a paru convenable de finir la Ligne de la Pofte pour reporter enfuite fur les autres les fonds qu'elle laifferoit de libres.

ON voit que des plus grandes fommes font employées au Chemin d'Auvergne ; mais c'eft uniquement par déférence pour le Gouvernement, que les Etats fe font chargés de cette route, les Inſtructions leur recommandent d'y deſtiner cent mille livres chaque année ; de ſorte que ſi parmi tous ces Chemins il y en avoit un dont la dépenſe pût être ſujette à modération, les Etats ſont obligés de dire que c'eſt celui qui leur eſt expreſſément recommandé, & qui quoiqu'utile en lui-même, eſt moins preſſé & doit coûter infiniment plus que tous les autres.

LES ETATS peuvent mettre à la ſuite du Chemin d'Auvergne, ceux d'Alby & de Lodève. Ces deux Chemins par une inconſéquence extraordinaire, ſont conduits par les Ingénieurs des ponts & chauſſées, comme l'a été pendant long-temps celui d'Auvergne ; mais, quoique conduits par ces Ingénieurs, ils ſont ſupportés par la Province, puiſqu'on n'y emploie que le produit d'une crue de Sel conſentie par les Etats pour cette conſtruction.

CETTE crue fut établie en 1728, & on a lieu de croire qu'elle rapporte en Languedoc cinquante à cinquante-deux mille livres au moins.

LES Chemins qui doivent ſe faire ſur cette crue, doivent avoir vingt lieues en Albigeois, & cinq environ du côté de Lodève.

DE ces vingt-cinq lieues, dix-huit ſont ſeulement paſſables, & ſur ces dix-huit une des premieres parties, refaite pluſieurs fois, manque encore de pluſieurs ponts néceſſaires, & eſt dans un véritable état d'imperfection.

ON a cependant employé à ces Chemins le produit de cinquante mille livres pendant cinquante ans & peut-être davantage, ſi les parties de Rouergue & d'Auvergne n'ont pas abſorbé la portion de la crue impoſée en même-temps ſur ces Généralités.

LES ETATS ne chercheront point à critiquer ce que font les autres Adminiſtrations ; mais comme c'eſt une économie que de n'avoir pas dans la même Province deux claſſes de Directeurs, comme il n'y a rien de moins conforme aux vrais principes & au bon ordre que cette double Adminiſtration dans un Pays d'Etat : comme il eſt naturel que le Languedoc jouiſſe de ce qui lui appartient, & veille à ce qui l'intéreſſe, les Etats oſent prier Sa Majeſté de vouloir bien leur faire remettre le produit de cette crue pour ce qui les concerne, & de les charger auſſi de la portion de Chemin auquel elle eſt deſtinée ; ils ne perdront pas de temps pour la mettre à portée d'être donnée à l'entretien, & pour diminuer ainſi la dépenſe qu'elle exige.

LES Chemins de Sénéchauſſée ſont ceux qui conduiſent d'une Ville Epiſcopale à la Ligne de Poſte. Quelques-uns avoient été ouverts autrefois ; des dettes conſidérables avoient même été contractées pour les entreprendre, mais faute d'entretien, ils étoient devenus impraticables. Si on avoit voulu suivre cette méthode d'emprunts, & ensuite négliger l'entretien, l'Imposition eût été moindre. Les Etats ont pensé que ce seroit une économie condamnable, que celle qui laisseroit aux générations suivantes, le soin d'acquitter les dettes de la génération actuelle, ou d'en renouveller les entreprises. Les Chemins nécessaires ont été ouverts, & de plus, une partie des dettes a été éteinte ; & on espere que par ce moyen on pourra parvenir à libérer les Sénéchaussées, & mettre à l'entretien tous les Chemins dont elles doivent être chargées.

IL n'est pas possible de prévoir aussi prochainement la fin des Chemins de Diocese ; les parties qui y contribuent étant moins étendues, elles y destinent moins de fonds ; d'ailleurs, l'attention qu'on porte à ne pas surcharger aucune Administration, oblige à borner la dépense. Il faudra donc aller successivement de l'un à l'autre Chemin ; & comme cette classe comprend tous ceux qui vont d'une Ville particuliere à une Ville Episcopale ou à une grande Ligne, il est évident que le temps auquel ils seront tous achevés, ne peut qu'être encore éloigné.

CE qui est exactement observé, c'est que chaque Chemin fini est mis à l'entretien ; & les Etats ne croient pas pouvoir trop répéter que cette classe de Chemins est la plus intéressante : l'argent qu'on y destine est placé au plus haut intérêt, & la véritable économie est sans doute celle qui multiplie à l'infini les sources de la richesse & de l'abondance.

LES ÉTATS conviendront qu'il manque encore à leur Administration de s'occuper des Chemins de Communautés, qui ne sont pas moins intéressants : car si la denrée ne peut sortir du grenier du Propriétaire, il est inutile qu'ailleurs elle puisse être transportée ; si elle en sort à dos de mulet ou de cheval, il est presque inutile qu'ailleurs elle soit voiturée ; mais les Etats ont dû commencer par les premieres communications, & ils esperent que Sa Majesté approuvera les vues qu'ils auront l'honneur de lui proposer sur cette quatrieme & derniere classe de Chemins (d). Ce sera alors

que

(d) Il ne faut pas juger de nos Provinces comme de l'Isle de France, de la Champagne, de la Brie, qui entourent la Capitale ; quand les chemins y sont mauvais, ils sont au moins ouverts & praticables dans les belles saisons ; en Languedoc toute communication est fermée aux Voitures, & en tout temps, si elle n'a été rendue aisée ; le Commerce s'y fait à dos de Mulet s'il ne trouve pas un chemin ouvert & facile ; il faut donc que l'attention se porte à toutes les parties ; & les extrémités d'un Chemin deviendroient inutiles, si tout ce qui y conduit n'étoit également ouvert & praticable.

que le Languedoc pourra véritablement se flatter d'avoir des communications faciles ; & l'effet n'en sera pas moins sensible sur les mœurs que sur les productions.

QUAND LOUIS XIV. voulut soumettre les Cévénes, il ordonna que des Chemins y fussent établis ; & l'époque de leur soumission fut aussi celle de leur richesse. Les mœurs ne sont plus féroces dans les Pays des montagnes, que parce qu'il est plus difficile d'y pénétrer ; & si on parcouroit les parties du Languedoc qui ne sont pas ouvertes, si on comparoit les routes impraticables du Velay (e) avec les routes plus faciles du Vivarais ; celles de ce Pays montueux avec les Cévénes encore plus ouvertes & plus cultivées ; enfin, ces Cévénes mêmes avec les parties de la Province où les communications sont plus faciles, on verroit combien ces communications influent sur les mœurs, sur la soumission aux Loix, sur le respect pour le Prince : la culture de l'esprit & celle des terres, semblent marcher de niveau ; & dans l'ordre moral, comme dans l'ordre physique, la plus fatale politique seroit celle qui, isolant les hommes faute de communications, aimeroit mieux ne les pas imposer, que de les policer & de les enrichir.

LES PONTS.

LA nécessité fait construire les Ponts ; le défaut de moyens suffisants empêche de les construire tous à la fois. L'économie consiste à choisir les plus nécessaires, & à ne les pas faire trop dispendieux.

LES ETATS suivent pour la dépense des Ponts, une méthode qui proportionne l'entreprise à l'intérêt. Quand un Pont ne passe pas quatre cents quatre-vingt livres, il est à la charge de la Communauté qui le demande ; s'il passe cette somme, il devient à la charge du Diocese jusqu'à la somme de quatre mille livres ; à celle de la Sénéchaussée jusqu'à dix mille livres ; & au-delà, à celle de la Province. Mais dans ces diverses gradations, chaque portion paie toujours son contingent, qu'on appelle préciput ; & par ce moyen, les Administrations inférieures ne sont point intéressées à augmenter les frais, & l'Administration supérieure l'est à les diminuer.

QUANT à la Magnificence dans les Ponts, les Etats n'en connoissent que deux sur lesquels ils peuvent convenir que

---

(e) On a vu ci-dessus qu'en Velay la collecte coûtoit communément quatorze deniers, & voilà une preuve de ce que produit le défaut de communication.

le defir naturel aux Directeurs de faire valoir leurs talents, a pu les porter au-delà du néceffaire ; celui de Lavaur, bientôt fini, & celui de Gignac qu'on commence à conftruire.

CELUI-CI fufpendu pendant cinquante ans, & dont la néceffité a été démontrée par une multitude de malheurs, offroit des difficultés que l'art feul pouvoit vaincre ; & les efforts de l'art amenent toujours une forte d'appareil & de magnificence dont il eft difficile de fe défendre.

L'AUTRE, placé fur une Riviere rapide, où trois arches pouvoient être conftruites, la traverfe par une feule de cent cinquante pieds de largeur.

IL en réfultera peut-être un furcroît de dépenfe; mais l'art des Ponts ne peut être trop perfectionné, & il ne peut l'être que par de grands exemples. Ce font ceux qui ont été donnés par les Ingénieurs des Ponts & Chauffées qui ont excité le zèle des Directeurs du Languedoc ; il en coûte plus pour l'ouvrage qu'on entreprend, mais il en coûte moins pour ceux qui fuivent. On fait d'ailleurs combien les Ponts furbaiffés ont d'avantages par le libre cours des eaux & la facilité du paffage des voitures ; & fi on comparoît les frais d'une feule arche, & ceux que plufieurs arches entraînent, on trouveroit peut-être que la dépenfe n'augmente pas à proportion de la grace & de la folidité.

LES ETATS pourront reftreindre les Ingénieurs fur l'effor qu'ils voudroient fe donner; mais ils ne peuvent prévoir de modération fur la dépenfe que les Ponts exigent. Le Languedoc eft traverfé de Torrents qui fe trouvent tout d'un coup impraticables. De grandes Rivieres, telles que la Garonne, le Tarn & plufieurs autres, manquent encore de Ponts indifpenfables. Il en faut dans des lieux où il y en avoit autrefois, & qui ont été renverfés par des inondations, ou que la vétufté a détruit : il les faut conftruire en pierre, parce que les bois deviennent rares, & que l'exemple de celui qui, fept ans après fa conftruction à Valentine, a été entraîné par une crue de la Garonne, a fait voir que l'épargne dans la conftruction, eft une mauvaife économie.

L'ATTENTION des Etats ne peut donc fe borner qu'à commencer par les plus néceffaires, à fufpendre les autres jufqu'à ce que les premiers foient finis, à ménager fur ce qui concerne l'ornement, fans rien épargner pour la folidité, & à prévenir toute incertitude dans les Adjudications, de maniere que le prix foit auffi certain qu'il peut être, avant l'entreprife, & ne puiffe augmenter lorfqu'elle eft commencée.

CANAUX ET RIVIERES.

L'ATTENTION que les Etats donnent à tirer parti des eaux, à les empêcher de nuire & à les rendre praticables, eft un des objets principaux de leur Adminiftration.

ILS ne parlent pas feulement du grand Canal de communication des deux Mers; ce Canal eft la poffeffion de la Famille qui l'a fait conftruire, & on ne peut qu'applaudir à la vigilance avec laquelle il eft entretenu.

CE Canal n'en exige pas moins cependant de temps en temps des dépenfes de la part de la Province. Tantôt ce font des ponts qu'il faut établir; & comme tous ont été faits à la même époque & trop légerement, c'eft auffi à la même époque qu'il faut travailler à leur réconftruction; tantôt ce font des aqueducs que demandent les Riverains ou d'autres Ouvrages du même genre; la maniere dont ils doivent être faits par la Province & les Propriétaires du Canal, eft déterminée par des conventions faites en 1739, & il ne peut y avoir ni luxe ni excès dans cette dépenfe.

MAIS, quelque beau que foit en lui-même le projet du Canal de communication des deux Mers, il ne rempliffoit qu'imparfaitement ce que le bien de la Province & celui du Royaume fembloit exiger. Il falloit étendre l'embouchure de ce Canal & le joindre au Port de Sette, le plus confidérable de la Province.

IL falloit aller encore plus loin, & paffant au travers des Etangs & de Marais joindre Agde, Sette, Aiguefmortes & Beaucaire, & donner par là la main aux Canaux qui doivent traverfer tout le Royaume.

IL falloit ne pas négliger les branches intérieures, & fur-tout celle du Sommail à Narbonne, tant de fois reculée par des petits intérêts mal entendus, & à la fin heureufement conciliée pour l'avantage commun des deux navigations.

IL falloit, en s'occupant de ces objets intéreffants, & de ceux qui en font une fuite, ne pas négliger la navigation des grands Fleuves qui arrofent le Languedoc, & furtout celle de la Garonne; la perfectionner de Touloufe à Bordeaux (f), l'ouvrir dans la partie fupérieure, & ame-

---

(f) Les Etats ne peuvent s'empêcher de remarquer que depuis trois ans & plus, ils follicitent un Arrêt du Confeil, au fujet de cette riviere. L'utilité en eft reconnue, les principes en font avoués, & le délai augmente la dépenfe, nuit au Commerce, & rend la navigation plus difficile. L'économie dans ces fortes d'Ouvrages, exige qu'ils foient faits promptement, à propos & avec fuite.

ner ainfi du fond des Pyrenées, toutes les richeffes & les productions que ces précieufes Montagnes récelent, & dont le befoin fe fait plus fentir que jamais.

L'ENSEMBLE de ces projets peut fans doute en impofer à l'imagination, mais ce n'eft pas par leur grandeur qu'ils doivent être jugés, c'eft par leur utilité : s'ils ne produifent pas de bons effets, leur majefté apparente n'eft qu'une illufion ; mais s'ils font fortir du néant des parties prefque inconnues, s'ils répandent par tout la richeffe & l'abondance, s'ils rendent à la Société, par le Commerce qu'ils animent, & les productions qu'ils font naître, le centuple des fommes qu'on peut employer, leur grandeur alors ne peut être un titre pour les rejeter, & il n'y a plus pour les entreprendre d'autre économie que celle du temps & des moyens.

C'EST à quoi s'eft porté toute l'attention des Etats. Ils n'ont pas tout entrepris à la fois, & ce qui eft entrepris l'eft par divers moyens.

UNE partie de la crue du Sel, confentie à cette condition, eft affectée au Canal de Beaucaire & à celui de Narbonne, une autre partie aux ouvrages de la Garonne ; & les Impofitions ordinaires fourniffent au furplus, ainfi qu'au Canal de Sette & des Etangs.

ON ne peut féparer d'un grand Projet, toute idée de magnificence ; l'étendue des ouvrages, leur folidité, la grace des formes qui naiffent de cette folidité même, fuffifent pour exciter cette impreffion ; mais à la réferve de ces qualités effentielles, les Etats ne fe font permis ni ornements ni recherches qui appartinffent uniquement à la décoration. A Aiguefmortes & au Sommail, ce font de grands Baffins & des Eclufes conftruites avec toute la fûreté qu'elles demandent. A Sette, ce n'eft qu'un creufement au milieu des fables & des eaux. A Touloufe, l'entreprife totale paroît avoir befoin d'un plus grand éclairciffement.

CETTE Ville, la Capitale de la Province, a l'avantage d'être baignée par un grand Fleuve qui paffe au pied de fes murs, & la fépare d'un Fauxbourg confidérable, appellé le Fauxbourg St. Cyprien.

MAIS ce Fleuve étoit rendu inutile par deux Moulins, l'un fupérieur appellé du Château, l'autre inférieur appellé le Bafacle, qui barroient par deux grandes chauffées & interdifoient tout paffage aux bâtiments, qui vouloient ou le remonter ou le defcendre,

SUR ce même Fleuve fe trouve un Pont magnifique conftruit dans le dernier fiecle, qu'on ne refairoit pas pour plufieurs millions, & dont la confervation eft infiniment précieufe.

LA

LA seconde pile de ce Pont étoit menacée par les eaux qui s'y portoient avec force, & cet effet étoit causé par un atterrissement inférieur qui empêchoit les mêmes eaux de passer sous la premiere arche.

IL falloit donc pour l'intérêt du Pont & pour celui du Commerce, détruire cet atterrissement, & vaincre les obstables qu'offroient les deux Moulins.

CETTE idée simple est le principe de tous les ouvrages qui se sont faits à Toulouse, & qui en ont été une suite nécessaire.

POUR détruire cet atterrissement, il a fallu y substituer un Quai, dont les eaux puissent baigner les bords : pour vaincre un des Moulins il a fallu faire un Canal qui le tournant, communiquât la Garonne avec elle-même ; & pour rendre ce Canal facile, il a fallu étendre les Parapets & les Quais jusqu'à celui qui devoit remplacer l'atterrissement, & y faire deux Ports pour la commodité du Commerce.

ON ne peut nier que la dépense de ces ouvrages n'ait été considérable, parce qu'un Canal de huit cents toises, des Ponts qui le traversent, une grande Ecluse, des Quais, des Parapets, des maisons à détruire pour leur emplacement ; enfin, l'ensemble d'un pareil projet ne peut être fait à vil prix, mais on y a travaillé long-temps ; depuis dix ans & plus, l'ouvrage est commencé & n'est pas fini ; pour aider la Province, le Roi a permis que les fonds destinés pour la navigation supérieure de la Garonne, y fussent employés ; les ouvrages sont grands & solides, mais rien n'y est magnifique ; & à la réserve d'un bas-relief en marbre de cinquante pieds, qui a coûté quinze mille livres, il n'y a pas un seul ornement de Sculpture ou d'Architecture au-delà de ceux que la solidité assigne.

DEJA la Ville de Toulouse jouit d'une partie des avantages de ce vaste projet, & déjà l'économie des Etats commence à rembourser des sommes qu'il a fallu dans certains temps emprunter pour son exécution ; mais l'obstacle supérieur reste encore à surmonter ; & les Etats sont si convaincus de l'importance & de la nécessité de completter ce grand ouvrage, qu'ils ne craindront pas cette année même, d'en mettre les moyens sous les yeux de Sa Majesté, & ils esperent qu'Elle voudra bien y applaudir, & leur continuer le même secours.

ON demandera peut-être pourquoi cet ouvrage, qui paroît singuliérement utile à une Ville particuliere, ne se fait pas à ses dépens, & est supporté par la Province ?

SI le Pont qu'il s'agissoit de préserver se fût écroulé, il n'eût pas été réconstruit aux frais de la Ville, mais à ceux des Etats ; le Commerce à qui il s'agissoit d'ouvrir une route, ne regardoit pas la Ville seule qui pouvoit lui servir de passage, mais encore les parties supérieures & inférieures. On seroit plutôt en droit de demander pourquoi de tels ouvrages ne se font pas aux dépens de tout le Royaume, que d'imaginer qu'ils dussent être faits par la Ville qui leur prête son Territoire.

IL est vrai qu'elle profite des Quais qui se font le long de son enceinte ; mais ces Quais ne sont que pour la conservation du Pont & les abords du Commerce ; ce ne sont pas les maisons & les façades que la Province construit, ce sont les murailles qui soutiennent ces Quais, & les défendent de la riviere. Si elle aide les Particuliers dans la construction de leurs nouvelles habitations, c'est en dédommagement de celles que l'établissement des Quais oblige de leur enlever ; son objet est de donner une issue aux eaux & au Commerce, & la décoration de la Ville n'en est qu'un effet accessoire.

CE n'est pas que s'il y eût du doute pour savoir qui de la Province ou de la Ville eût dû supporter quelque partie de la dépense, les Etats n'eussent par une suite de leurs principes, prononcé contre eux-mêmes ; ils croient que l'intérêt direct doit décider des frais de tout ouvrage ; mais lorsque cet intérêt est douteux ou partagé, ils pensent aussi que c'est à la partie la plus puissante à soulager celle qui est la moins riche. Ils se regardent comme les Peres & les Tuteurs des Administrations subordonnées ; ils s'empressent de venir à leur secours ; les Communautés, dont la Province n'est que la réunion, excitent particulierement leur attention ; c'est pour les ménager qu'ils se sont chargés en corps de plusieurs Impositions qui auroient été leur ruïne. On ne peut trop, dans une Administration bien entendue, conserver la force des Communautés. Si elles sont trop accablées des charges directes, elles ne peuvent plus suffire aux charges générales ; & il faut que tout s'écrase si les parties s'affoiblissent.

CE n'est pas seulement la navigation des Canaux & des Rivieres qui occupe les Etats, ils cherchent encore à prévenir ou à réparer le désastre des eaux stagnantes ou des inondations causées par les torrents.

C'EST par une suite de cette attention qu'on les voit travailler sans relâche à réconquerir sur les Marais d'Aiguesmortes, des terrains cédés par le Domaine à l'avidité des

Particuliers, & qu'il a fallu retirer à prix d'argent de leurs mains, pour les rendre à la culture, & y ramener la falubrité.

C'EST par une suite de la même attention, que des ouvrages ingénieux auxquels Sa Majesté veut bien contribuer sur le fonds des Indemnités, disposeront, pour ainsi dire, à volonté, des inondations d'un torrent (la Riviere d'Aude), & doivent les écarter ou les placer, en quelque sorte, avec la main, suivant qu'elles pourront être avantageuses ou nuisibles.

C'EST enfin dans cette vue, que presque tous les Dioceses sont occupés de prévenir les crues des Rivieres, d'en aligner le cours, & de détruire les moulins qui l'interceptent. Dans les Pays méridionaux, presque toutes les Rivieres sont des torrents, les ouvrages qu'elles exigent sont donc fréquents & dispendieux; dans les autres Provinces, ces ouvrages sont souvent inutiles, quelquefois négligés; quand ils ont lieu, ils sont supportés par des fonds étrangers à l'Imposition générale & presque ignorés du Gouvernement. En Languedoc, tout est évident & connu; pour tout supporter, il n'y a qu'un seul fonds, celui de l'Imposition. Les Communautés même qui ont des biens patrimoniaux, sont obligées d'en mettre le produit en moins-imposé, ce qui leur en rend la gestion plus intéressante, & les dépenses sont imposées; ce qui doit rendre sobre à les demander & attentif à les éviter.

SA MAJESTÉ ne doit donc pas être étonnée, si l'Imposition supportant tout, monte à des sommes considérables; Elle ne doit pas l'être non plus, si les Etats lui demandent de si grands secours sur les Indemnités pour le redressement des Rivieres & autres ouvrages semblables. C'est principalement à conserver & à recouvrer les biens que supportent l'Impôt, que l'indemnité doit être consacrée; & ne vaut-il pas mieux dédommager celui qui perd son fonds, que celui qui n'en perd que la récolte ? La modique somme que celui-ci reçoit, ne peut compenser la perte qu'il a supportée, & celle que l'autre recevroit, ou la Communauté plaignante, leur rendroit ou conserveroit des terreins qui ont été enlevés ou qui sont prêts à leur échapper.

AVANT de terminer ce qui regarde les eaux, il est juste de ne pas omettre l'entretien des Ports, qui est à la charge des Etats.

DANS les autres Provinces, cette dépense est supportée par tout le Royaume. Le Languedoc supporte seul celle qui le concerne & ne s'en plaint pas; mais cette partie de dépense accroît nécessairement l'Imposition faite pour les Ouvrages-Publics.

LE Port de Sette, le principal des Ports du Languedoc, a été déterminé par le Gouvernement ; & c'est lui qui a excité en divers temps les Etats à y faire tous les Ouvrages qu'on peut y approuver ou y critiquer. C'est sans doute un malheur pour la Province, que ce Port, saisi à chaque instant par les sables amoncelés du Golfe de Lyon, ne puisse être entretenu qu'avec des frais excessifs, & répétés chaque année ; mais ces frais ne peuvent être évités, sans rendre inutile la dépense qui a été faite, & qui ne pourroit peut-être pas être mieux placée ; & en les supportant, les Etats ne font que se conformer à une suite d'Instructions que le Gouvernement est trop éclairé pour vouloir révoquer.

LES mêmes Instructions ont recommandé les Ports d'Agde & de la Nouvelle, intéressants par leur position. Le Languedoc est bien loin de se glorifier de ces Ports, il en sent l'insuffisance ; mais obligé de se contenter de ce que sa position lui permet, il s'efforce de suppléer à la médiocrité par l'exactitude de l'entretien ; & c'est à cette exactitude que les Etats bornent leur dépense : heureux encore, si une liberté entiere pouvoit animer leur Commerce, & si une Ville voisine, contente de son évidente supériorité, ne cherchoit pas à enlever au Languedoc le foible avantage des Ports difficiles, imparfaits, & qui ne peuvent jamais être ses Rivaux.

OUVRAGES DE TOUTE ESPECE

non-compris dans les Paragraphes précédents.

IL reste peu d'Ouvrages qui ne soient compris dans ceux qu'on vient d'exposer. Les Etats ne parlent pas de l'entretien des Places fortes, pour lequel ils contribuent d'une somme de trente-quatre mille livres : cette somme a été augmentée depuis trois ans de quatorze mille livres. Les Etats ont réclamé contre cette augmentation, & ils avouent qu'ils ne peuvent concevoir à quoi servent ces Places fortes, qui n'en ont que le nom & la dépense ; qu'on n'entretiendroit sûrement pas avec trente-quatre mille livres, pour lesquelles trente-quatre mille livres sont superflus s'il n'est pas besoin de les entretenir, & dont l'abandon seroit une grande épargne, comme la destruction une véritable économie. Les Etats ne peuvent que s'en rapporter à la Sagesse de Sa Majesté ; mais

ils

ils ont cru entrer dans fes vues, en lui indiquant un retranchement utile, & dont il ne peut réfulter aucun inconvénient.

IL eft deux Ouvrages dont les Etats doivent rendre un compte particulier à Sa Majefté, parce qu'ils en impofent au Voyageur, & que fûrement on y fait allufion, toutes les fois qu'on parle de la Magnificence du Languedoc.

CES Ouvrages font la Place du Peyrou à Montpellier, & l'entrée de Touloufe du côté de la Guyenne.

LA Place du Peyrou eft fans doute un Ouvrage de luxe, fi on applique cette dénomination à tout ce qui n'eft pas de premiere néceffité. En ce fens, toute Place publique eft un Ouvrage de luxe, & par fon emplacement qui eft ftérile & fans produit, & par fa décoration qui ne peut s'établir fans dépenfe.

POUR juger de celle que la Place du Peyrou a occafionné, il faut favoir que les Etats avoient délibéré du vivant de LOUIS XIV. de lui élever une Statue fur une éminence fituée à Montpellier, & qu'on appelle le Peyrou; d'acheter les terreins qui entouroient cette éminence, & d'y former une Place où cette Statue feroit pofée.

LA mort de LOUIS XIV. n'empêcha pas l'exécution du vœu des Etats; la Statue fut élevée en 1717, & on y voit cette Infcription :

> INCOLUMI VOVERE:
> EX OCULIS SUBLATO POSUERE.

LES ÉTATS firent plus, ils acquirent fucceffivement les terreins néceffaires pour la formation de la Place ; mais ils retarderent la décoration, tant par une fuite de cette attention qu'ils ont à méditer long-temps leurs projets avant de les exécuter, que par les difficultés que la pofition offre pour en former un convenable.

L'OCCASION de fe déterminer fe préfenta en 1764. L'Adminiftration de Montpellier, autorifée & dirigée par M. l'Intendant, venoit de conftruire un Aqueduc immenfe, qui pouvoit apporter plus de quatre-vingt pouces d'une eau faine & limpide, dans une Ville qui, dévorée par l'ardeur du climat, n'avoit pour fournir aux befoins de fes Habitants, qu'une chétive Fontaine d'une eau fade & peu falubre, & prête à tarir à tous les inftants.

CET utile, quoique magnifique & difpendieux Ouvrage, devoit être fuivi de belles Fontaines, qui répandiffent cette eau falutaire dans les différents quartiers de la Ville; mais l'arrivée même de l'eau manquoit de la décoration néceffaire.

L'Aqueduc aboutiſſoit à cette même Place du Peyrou, qui, dénuée de tout ornement, ne répondoit pas au Monument majeſtueux dont elle devoit être le terme.

LA Ville de Montpellier demanda alors aux Etats de reprendre l'engagement que leurs peres avoient contracté. Il étoit honteux de ne le pas accomplir, & de laiſſer la Statue d'un Grand Roi iſolée, pour ainſi dire, au milieu des champs.

IL étoit convenable d'aider une Ville qui venoit de ſubvenir à une dépenſe dont les Etats chaque année pourroient recueillir le fruit; l'exécution de l'ancien engagement fut donc de nouveau délibéré; & ayant été autoriſé par le Roi, les Etats firent dreſſer divers Plans & Projets qui furent mis ſous leurs yeux.

ILS ſe déterminerent pour le plus économique; en l'adoptant, il fallut exclure celui d'une Colonnade que la poſition ſembloit exiger; on la rejeta à cauſe de la cherté; mais il fallut y ſuppléer en partie, & la grandeur de l'idée fut ſubſtituée à la grandeur de la dépenſe.

LOUIS XIV. avoit donné ſon nom à ſon ſiecle, & réciproquement les Grands-Hommes de ce ſiecle avoient contribué à ſa gloire. Il fut réſolu d'entourer cette Place des Statues de ces Grands-Hommes, & de mettre ainſi LOUIS XIV. au milieu de ceux qui avoient illuſtré ſon Regne. Cette ſuite de Statues au nombre de douze Groupes, ſera coûteuſe ſans doute, mais elle l'eſt bien moins que ces Colonnes qu'on auroit été obligé d'adopter; & la dépenſe ſe faiſant ſucceſſivement, ſera moins ſenſible.

SI on demande maintenant pourquoi élever un tel Monument dans une Ville particuliere & ſi éloignée de la Capitale, les Etats croient qu'il ne leur ſera pas difficile de répondre; c'eſt que l'engagement avoit été pris autrefois par le Languedoc, & que les Rois y ſont reſpectés après leur mort, quand ils y ont été honorés pendant leur vie; c'eſt qu'une Ville où ſe tiennent les Etats, & où les Etrangers abordent de toute part, mérite une attention particuliere; c'eſt qu'il étoit juſte que le Public, en y concourant, mît pour ainſi dire ſa ſanction à la dépenſe de l'Aqueduc dont il profitoit avec tant d'avantages; c'eſt enfin parce que les Etats oſent croire que ce n'eſt pas dans la Capitale ſeule que les Arts doivent être ſoutenus & encouragés.

LES progrès qu'ils y font ſont, comme on l'a dit, perdus pour nos Provinces. Trop éloignées du centre, l'induſtrie languit ſi elle n'eſt encouragée; & ſi le talent n'y eſt pas occupé, il faut qu'il s'en éloigne. Ce n'eſt pas qu'on ait l'intention d'y entretenir beaucoup de Statuaires, des Peintres, &c., mais on ne peut trop répéter que c'eſt en protégeant les classes supérieures, que les classes inférieures se forment : Il n'y a point de bons Artisans, où il n'y a pas d'Artistes, & ceux-ci dans nos contrées ne peuvent être fixés ni formés que par les Ouvrages-Publics.

AINSI, des objets qui paroissent de luxe, deviennent par leurs effets des objets de premiere nécessité ; & lorsqu'à cette considération, se joint l'avantage de maintenir le respect dû aux Rois, en décorant dignement la Place où est élevée la Statue d'un des plus Grands d'entr'eux, les Etats esperent que la dépense n'en sera regrettée ni des Peuples ni du Gouvernement.

IL ne leur sera pas plus difficile d'expliquer les Ouvrages qui se font auprès de Toulouse pour l'entrée de cette Ville.

LES chemins nécessaires d'Auch & de Lombés étoient prêts d'être finis ; mais à l'issue de ces chemins étoit la Porte qu'on appelle St. Cyprien, & qui offroit, de l'aveu de tout le monde, les plus grandes incommodités dans son passage.

LES ETATS demanderent donc à la Ville d'y remédier ; & celle-ci prenant alors en considération divers Projets, se détermina pour une nouvelle rue qui enfileroit le Pont sur la Garonne plus directement que celle qu'on étoit obligé de suivre.

CETTE Délibération fut autorisée par M. l'Intendant ; & la Ville en conséquence demanda aux Etats de conformer les avenues extérieures au Projet qu'elle avoit adopté.

LES ETATS ont acquiescé à cette demande, & eussent été répréhensibles s'ils ne l'eussent pas fait ; ils ne diront pas que cette nouvelle rue fût de premiere nécessité ; mais ils diront qu'une belle entrée convient à une grande Ville, la Capitale d'une grande Province ; ils diront que la Porte du côté d'Auch est une de ses principales issues, & par laquelle il abonde le plus grand nombre de Voitures ; ils diront que le vœu de la Ville a dû déterminer celui des Etats ; & qu'en exécutant, comme ils font, l'ouvrage avec lenteur, ils y ont observé la seule économie dont il est susceptible.

ILS ajouteront qu'on peut remarquer dans cette dépense, le soin qu'ils ont de laisser à chaque Administration la dépense qu'elle doit supporter.

JUSQU'A l'entrée tout est à la charge de la Province ; la Porte, & tout ce qui est intérieur, sont supportés par la Ville. C'est par cette harmonie & cet accord des diverses Administrations, qu'elles parviennent à faire de grandes choses sans être surchargées : il n'est presque rien que les Provinces ne puissent exécuter lorsque l'argent ne sort pas de leur enceinte & que leurs forces sont ménagées.

IL résulte de cet exposé sur les Ouvrages-publics, qu'il y a très-peu de dépenses qui ne soient de premiere nécessité; que celles qu'on pourroit accuser de luxe, sont justifiées par leur influence sur les Arts, dont il est de l'intérêt public de favoriser la perfection; & qu'à l'égard des autres, elles sont toutes nécessaires & indispensables; que sans elles le Commerce & l'Agriculture auroient langui dans la Province; qu'elles seules ont mis le Peuple à portée de suffire à l'impôt; qu'elles sont la ressource du Pauvre, & le principe de l'aisance du Riche; que ce seroit réduire l'un à la mendicité, & l'autre à la détresse, que de vouloir les retrancher ou diminuer; & que la seule économie que les Etats ne doivent jamais perdre de vue, est de faire ces dépenses avec ordre, sans excéder le prix des Ouvrages, & sans les ménager aux dépens de la solidité.

CE n'est pas que s'il survenoit quelque Imposition extraordinaire occasionnée par la Guerre ou par quelqu'autre circonstance imprévue, les Etats ne crussent pouvoir faire quelques retranchements; & c'est là encore un des avantages de leur Administration. C'est pendant la paix qu'il faut se livrer à des travaux utiles; l'argent du Riche passe alors sans qu'il s'en apperçoive, & avec profit pour lui-même, dans la poche du Pauvre. Lorsque la Guerre vient, une partie de ces dépenses suspendue rend moins sensible l'Imposition à laquelle elle oblige d'avoir recours; mais ce retranchement même ne doit être que passager, il n'est pas suffisant pour le soulagement des Peuples que l'Imposition soit la même; la différence est extrême lorsqu'elle est remise au Trésor-Royal, ou lorsqu'elle est dépensée dans la Province; ici la dépense rapporte plus qu'elle ne coûte; là tout est en perte pour la Province, & la Guerre diminue encore ses richesses; on peut même dire que c'est lorsqu'on établit un nouvel impôt, qu'il faut ouvrir une nouvelle source de productions, & voilà ce que font de nouvelles communications, qui donnent une plus grande valeur aux denrées, & quelquefois font naître dans une Province des richesses qu'on n'y soupçonnoit pas.

SI LES ETATS se trompent dans la maniere dont ces communications sont pratiquées en Languedoc, sur la construction des Ouvrages-publics, sur la forme des Adjudications; si d'autres Réglements & d'autres méthodes peuvent procurer plus d'ordre & plus d'économie, ils seront empressés de recevoir les instructions qu'on voudra leur donner. Cette partie d'Administration est délicate, difficile, quelquefois minutieuse, & elle ne peut être trop scrupuleusement étudiée & réflechie.

CONCLUSION

CONCLUSION.

LES ÉTATS ont exposé l'emploi des sommes qui sont à leur disposition, & ils esperent que Sa Majesté ne les désapprouvera pas ; ils se flattent même d'avoir détruit l'idée qu'on veut donner de leur Magnificence ; la plûpart de leurs dépenses sont de celles qu'on peut appeller productives (*g*), & des avances enlevées au luxe, & placées, comme on l'a dit, au plus haut intérêt. Malgré l'utilité de ces dépenses, & notamment de celles qui concernent les Chemins, le desir de répondre aux Intentions de Sa Majesté, les a déterminés à retrancher le dixieme des sommes délibérées pour toutes les entreprises que la Province devoit supporter en Corps. Cette modération générale leur a paru plus facile que le choix entre des Ouvrages également nécessaires ; elle produit une diminution qui, jointe à celle que l'Imposition éprouve d'ailleurs cette année, en opère une totale de trois cents quarante-deux mille neuf cents quatre-vingt-onze livres quinze sols dix deniers sur celle de l'année derniere.

LES ETATS ont de plus rejeté cette année presque tous les Ouvrages nouveaux qui leur ont été proposés, & s'en sont tenus à ceux qui n'auroient pu être suspendus sans inconvénient ; mais en s'empressant ainsi d'entrer dans les vues de Sa Majesté, les Etats ne cesseront de la supplier de vouloir bien continuer à ne pas regarder le retranchement des dépenses locales, comme une économie dont le Trésor-Royal puisse profiter.

C'EST l'argent qui sort d'une Province, & non celui qu'on y dépense qui la ruine ; & lorsque les dépenses publiques sont bien ménagées, elles sont communément un principe de richesse pour les Pays qui les supportent.

UNE regle assez sûre pour juger de l'importance des dépenses publiques, est le vœu des Peuples ; & les Etats se flattent de le mériter & de l'obtenir. Ce n'est pas cependant qu'ils ne croient qu'il peut y avoir des plaintes, & elles doivent même être assez communes dans un Pays d'Etats ; tout le monde a droit de s'y occuper de ce que font les Administrateurs ; & les Etats en ont facilité les

---

(*g*) Il n'y a qu'à comparer ce qu'a coûté le Canal-Royal, & ce qu'on a employé en gratification au Commerce du Levant, pour juger de ce qu'on appelle dépenses productives ; un million en a produit plus de dix annuels.

moyens par l'impreffion de leurs Procès-Verbaux. Chacun a donc fon projet, & eft mécontent s'il n'obtient pas la préférence.

CETTE efpece de cenfure publique eft fans doute un mérite de la conftitution des Etats; & ce mérite eft encore plus fenfible lorfque les plaintes parviennent au Trône. Ailleurs elles portent contre l'Autorité même; dans les Pays d'Etats elles font l'expreffion de l'amour & de la confiance. Auffi les Etats font-ils bien éloignés de trouver à redire à ces improbations particulieres, qui font quelquefois pour eux des avertiffements dont ils ne négligent pas de profiter; mais elles ne doivent pas être confondues avec la voix du Peuple, qui réfulte du fuffrage de fes Repréfentants, de celui des Communautés, & des principaux Propriétaires intéreffés; & c'eft en ce fens que les Etats ne craignent pas de dire qu'il y a plufieurs dépenfes publiques fur lefquelles les Peuples trouvent l'Adminiftration trop lente & trop mefurée.

DU RESTE, LES ETATS termineront ce Mémoire comme ils l'ont commencé, par les plus finceres remerciments à Sa Majefté, de l'affection qu'Elle témoigne à fes Sujets, & du defir qu'Elle a de procurer leur bonheur. Ils font entrés dans fes vues, en faifant le feul retranchement qui étoit en leur pouvoir; ils ne négligeront aucun moyen pour que la plus exacte économie préfide à leur dépenfe; & s'ils ont indiqué à Sa Majefté des reformes utiles qu'Elle croie devoir adopter, ils regarderont comme un nouveau bonheur d'y concourir par leurs foins.

A MONTPELLIER,

De l'Imprimerie de JEAN MARTEL AINÉ, Imprimeur Ordinaire du Roi, & de Noffeigneurs des États de la Province de Languedoc. 1780.

www.ingramcontent.com/pod-product-compliance
Lightning Source LLC
LaVergne TN
LVHW022209080426
835511LV00008B/1655